红色记忆® 16

朝鲜战场的“基层”英雄

海南省文化交流促进会　编

南海出版公司
2012·海口

图书在版编目（CIP）数据

红色记忆·第1辑·16 / 海南省文化交流促进会编 .
-- 海口：南海出版公司，2012.7（2025.1 重印）
ISBN 978-7-5442-6059-6

Ⅰ.①红… Ⅱ.①海… Ⅲ.①革命传统教育—中国—青年读物②革命传统教育—中国—少年读物 Ⅳ.① D642-49

中国版本图书馆 CIP 数据核字（2012）第 168364 号

HONGSE JIYI·DI 1 JI·16
红色记忆·第1辑·16

作　　者　海南省文化交流促进会
总 策 划　刘　栋
顾　　问　贾延岩
主　　编　王晓建
执行总编　张　桐　张爱国
责任编辑　聂　敏
封面设计　郑广明
排版印务　何怡欣
发行总监　杨成春
出版发行　南海出版公司　电话：（0898）66568508　66568511
社　　址　海南省海口市海秀中路 51 号星华大厦五楼　邮编：570206
电子信箱　nhpublishing@163.com
经　　销　新华书店
印　　刷　天津睿意佳彩印刷有限公司
开　　本　787 毫米 ×1092 毫米　1/16
印　　张　6.5
字　　数　100 千字
版　　次　2012 年 7 月第 1 版　2025 年 1 月第 2 次印刷
书　　号　ISBN 978-7-5442-6059-6
定　　价　39.80 元

对历史无知的人，没有真正的信仰可言；没有信仰的人，不可能拥有美好的理想，不可能胸怀崇高的情感，也就不可能担负起任何责任。用欲望文化代替历史教育，足以使一个国家的青年被腐蚀、使一个民族的希望被毁掉，使这个国家和民族被永世万代地奴役！

鉴于此，我们呼唤历史，唤回那段属于二十世纪的“红色”历史，唤回那段炮火硝烟、颠沛流离的历史，唤回那冲天的狼烟留下的悲壮回忆、岁月年轮沉淀的斑驳痕迹。历史不应该被忽略，更不应该被遗忘，牢记那段革命战争年代的红色历史更是责任。为了那些不应该被忘却的记忆，为了那些不应该被丢弃的信念，于是就有了这套《红色记忆》丛书。

曾记否，当草鞋与意志丈量出来的两万五千里穿越一个伟大民族五千年的荣辱兴衰，革命的火种被一路播撒、一路点燃。人迹罕至的雪山、荒无人烟的草地被鲜血浸透，衬映出一段光辉的里程；万水千山早已被远远地抛在身后，一轮红日在黄土高原磅礴而起。满目疮痍的河山在1936年10月温暖如春……

曾记否，当生命和鲜血浸染的十几年光阴将一种记忆铭刻进一个伟大民族的历史画卷，革命的火焰从星火到燎原。这栏杆拍遍、易水悲歌般的呼号，这折戟沉沙、慷慨赴义的悲壮，这铁马冰河、枕戈待旦的苦战，这红旗漫卷、所向披靡的豪迈……腔腔热血、铮铮铁骨早已被熔铸成一座不朽的丰碑，中华民族从苦难中百死后生的壮丽诗史凝结成了五星闪耀的红色记忆。

曾记否，中华人民共和国成立以来，又有无数英烈接过前辈用鲜血染红的旗帜，或壮怀激烈戍边卫国，或忠于职守鞠躬尽瘁，或绝甘分少奉献大爱，甘做国家强盛、人民富裕的铺路石，成为和平年代民族复兴的荣光，把人民心中的红色记忆浸染得分外鲜艳，永不褪色。

这红色记忆，是信念不衰、志向不改的崇高气节；这红色记忆，是无私无我、生属苍生的博大胸怀；这红色记忆，是敢为人先、披荆斩棘的拓荒精神；这红色记忆，是中华民族最宝贵的精神财富。它告诫我们，人事有代谢，传承无绝期。缅怀先烈精神，继承先烈遗志，是社会的道德和民族的良心，是后来者须臾不可忘怀的本分。

老一代人把历史的真实交付给我们，我们有责任用真实还原历史，传承给下一代，把那段岁月与现在年轻人的生活连接到一起，使他们眼中的历史变得立体、真实、可靠，让历史成为他们前进的动力。本丛书将那些流动的、随时会飘散在时间天际的事件凝固下来，希望透过这些文字、图片，感受到英雄们那坚定的革命信念，感受到那个年代澎湃的革命激情，真切体会那段“红色历史”。

忘记历史，就意味着背叛。让我们重温历史，缅怀先烈，从中汲取力量，毅然前行。

刘栋

目录 CONTENT

忆董其武将军

文 / 应福良

传奇将军董其武

1971年2月至1988年8月，我有幸担任董其武将军的警卫员，十七年间，他的和善、仁慈、公道、正直、节俭的高尚风范，在我思想上烙下了难以磨灭的印记……

严于律己，注重身教

董其武将军的自律是认识他的人均认可称赞的，作为他的警卫员，感受更加深切。董将军经常说，对待他人要和善，对待学习要勤奋，对待粮食要节约，对待时间要珍惜。他恪守着这些信念，无时无刻不影响教育着儿孙和身边的人。

董将军对家里的保姆、司机、警卫员等十分尊重。逢年过节，他总要让厨师做几个好菜，与大家一起吃个饭并亲自斟酒，还要送给大家一些小礼品。他也用同样的标准要求子女，引导他们与劳动人民建立血肉相连的感情。家里人都清楚地记得：有一回都祥（董老次子）和炊事员王宗堂吵架，得知是儿子犯了错，董将军立即前去赔礼道歉，还恭恭敬敬地向王师傅敬了个军礼。

董将军在职和退休后，家里都配有车、司机、警卫员，可他再三规定，除了工作，谁也不许用车。即便是年迈的姚勤修阿姨外出购物，也坐公交车，从不占用董将军的专车。有一次，都祥探亲结束归队时，代战友买了几提包东西，想让司机送一下，董将军坚决不答应。我在旁边看不下去，想帮着劝说劝说，可最终没有张口。我觉得我和董家的孩子一样，想归想，还是没有勇气破这个规定。

董将军所住的房子坐落在北京市西城区，是一座普通的小四合院，房子已经破旧。部队负责同志三番五次向他提出翻修房子之事，都被他谢绝。他的回答是："我的住房条件，比起胡同里的群众还是好的。我不能直接为国家生产物质财富，却可以为国家节省一点能源。"怕负责的同志再提，董将军提笔给北京军区后勤部衣部长写信，催我发出去，表明了自己坚决不修房的态度。后经秦基伟司令员同意，修房之事才罢休。

董将军三番五次坚持不修缮年久失修的住房，令我非常感动。1981年4月20日，我写下了这件事情的过程。现将有关内容抄录如下：

……

白天，我在北京军区营房科办事时，技术员老孙告诉我："军区党委决定3月份给董其武同志修理房子，你可一定要保密。"老孙的话说完，我便直截了当地回了一句："保密也没用，他绝不会同意的。""这回不能再变了。"老孙笑着把我推出了门外。

……

不出我所料，这次为他修房的消息刚一传进他的耳朵，他就一连用几个"不行"把我顶了回来。我退下阵，细心揣摩，准备明天再向他"进攻"。

第二天一大早儿，董其武同志拄着拐杖，迈着蹒跚的步履催我去发信，并嘱咐我一定要寄挂号信。时隔一星期，我接到后勤部衣部长打来的电话，说董其武同志的来信已转给了秦基伟司令员。

董其武同志的请求终于获准了。在一次会议上，北京军区秦司令员代表党委宣布，同意了董其武同志的请求。在董其武同志宽慰的笑容面前，我想到的不仅是对他的敬爱，还有许多别的更可贵的东西……

为了宣传董将军的高风亮节，《北京晚报》也全文刊登了将军给后勤部衣部

长的谢绝修房信。

衣部长：

您好！

有一件事，要请您主持。我住的房子，部队领导同志多次让修，我都拒绝过。前天某同志告诉跟我工作的人员应福良说，我住的房子，部队领导同志亲自批了钱，今年3月动工修建。我一则感谢领导同志对我的关怀，再则谢绝房子修理。因为现在我国经济处于极端困难时期，各项费用都压缩了很多。应当在各方面厉行节约，以渡过我国这一经济难关，加强我国现代化建设。

请转告领导同志，我住的房子，三五年不修没事，请放心。并请转告修缮房子的同志，我住的房子绝不修。我们大家共济时艰，绝不要贪图个人方便，浪费国家资财。

今年元旦，中央举行隆重的茶话会，仅用一杯清茶。这是给全国节约的示范，这是给全国节约的命令。

我们北京部队是个大单位，应当自上至下贯彻一杯茶的精神，我想积少成多，集腋成裘，这么大的范围，一年节约，也就可观了。

专此陈述。

董其武

4月20日

这件事情在社会上引起了很大反响，前志愿军二十三兵团宣传部部长王炎看了报纸，立即给董将军写了这样一封信：

董司令员：

您好！

20日（《北京晚报》）登载的您谢绝修房的信和应福良同志的文章，使我（您的部下，千百万读者之一）非常感动，除向您学习这种艰苦朴素、关心国家、人民的高尚精神外，并祝您健康长寿。

王炎

4月22日

董将军给王炎的回信是：

王炎同志：

你好！

多年不见，经常系念。接来函始知你在京，甚慰。请利用闲暇时间，到寒舍一叙。

函谢绝修房之事，一则我住的房子比邻居的房还好。二则我国今年经济困难，我不能为国家增产，却可以为国家节约，区区小事蒙你称赞，实不敢当。

顺致敬意！

董其武

4月26日

时隔二十天后的5月10日，《人民日报》头版“今日谈”也发表了一篇评论董将军的文章，在《共济时艰》的标题下，作者写道：

……八十二岁高龄的董其武同志，为中华民族的解放事业作出过贡献，中华人民共和国成立后，继续为党和人民做了有益的工作。对他的生活适当照顾，本是应该的，把陈旧房屋翻修一下，更不为过。而他想的是国家的困难和中央关于厉行节约的号召，要“尽量替国家节省一点”，比起那种一味追求安逸生活的人，董其武同志的精神境界实在令人钦敬。

古人言：“玩物丧志，而俭能养志。”毛泽东同志以前也曾经说过：“政治上要向前看，生活上要向后看。工作上和强的比，生活上要和差的比。”目前，我国经济正在全面调整的时候，在倡导两代人同心同德为振兴中华献身的时候，

董其武将军

董其武（右二）与商震（右三）、刘斐（左二）在颐和园留影

1950 年 9 月 19 日，董其武在“绥远九一九起义周年纪念大会”上讲话

更应发扬这种共济时艰的精神。老一辈的人保持晚节，像秋天的菊花一样美好廉洁，给青年人留下艰苦奋斗、励精图治的时代风貌，这是何等可贵的精神财富！

该文高度赞扬了董将军俭朴、节约的崇高精神境界。

知恩图报，情牵桑梓故交

作为董将军的贴身警卫，在姚勤修阿姨病重到去世后的几年里，我掌管着他生活中所有的收入与支出。在董老的家庭账本明细表里，有这样一组数字：收入为423元（工资），日常支出为10元，交纳党费为20元，李姨工资为200元，兰翔上学花费50.51元（给杨长茂，含邮费）。

这位杨长茂就是董将军多次给我提起的他们家的恩人，他儿时的同乡、同学兼好友。

1986年4月2日，首长请老朋友周北峰去和平门烤鸭店吃饭，四人共吃了74.66元。回来的路上，董将军说：“小应，这74.66元一抹嘴就没有了，如果将这钱送给贫困户或失学儿童，他们会感激一辈子的。我就有过这样的体会，旧社会有一年过春节，我家连一斤面也没有，是同学杨长茂给我家送来几斗麦子，家里人才过了年。人在困难的时候得到一点点支援，比富裕时得到一火车帮助，还让人难忘。”

那天，我总算明白了，为什么每年的适当时候，董将军总要给杨长茂邮寄一定数额的钱。原来，他是在报答杨长茂当年的慷慨之举！

从不断来京的董将军山西乡亲的口中，我还了解到：当年董将军上太原赴考时，几位发小仗义资助，给他凑了十个大洋的盘缠，其中董盼银一下送给他五块大洋。董将军从军后，跟随傅作义将军南征北战，出生入死，因为战功卓著，得到提拔重用。官当大了，他一刻也没忘记有恩于自己的乡亲、伙伴。在绥远安定下来后，他把董盼银老汉接到归绥（今呼和浩特市），好酒好饭相待，尊为上宾，陪董盼银四处游玩。临回家乡时，董将军用军用挎包装了满满一包银圆，并赠老人军呢大衣一件，让警卫员亲自护送三千里地，陪老汉骑马返乡。

1976年，中共中央颁发了六号文件，要求落实起义人员政策。此时，傅作义将军已去世，董将军把为起义部下落实政策这一责任全部承担下来。为了便于来人寻找、来信邮寄，他让我们对外公布了光明胡同四十七号家庭地址。他对来访者的原则是：“来者必见，有求必应。”董将军多次对我和司机小马讲：“我任国民党绥远省主席时，有个叫王全福的副官，掌管着来客见我的权力。不给钱，他就不让见，人送外号‘二主席’。”中华人民共和国成立后，董将军才从别人嘴里知道这件事。当时他的气愤可想而知。他郑重地跟我们说：“我董其武不是什么高高在上的官，谁来见都可以。你们一定要把握好！”多少年来，董家的门好进，能办的事情尽量办，几乎没回绝过一次有求于他们的人。

每次接待来访人员，董将军总是一面向他们宣传党的政策，一面尽己所能，为他们出具证明材料。对于生活困难的上访者，他总是个人出钱安排食宿和解决路费。他亲自批复处理了上万封投诉信件，邮费也由他个人支付。他想亲手亲笔给并肩在抗日战场上作过战的战友们一点安慰，一点支撑。

1973年春作者与董其武（左）将军合影

我想：只有上过战场，历经九死一生的人，才知道“战友”两个字的含义。我如果不是亲身参与“落实起义人员政策”这项庞大复杂的工作，是体会不出董将军对傅将军和起义部队怀有的感情的。

今年，董将军离开我们已经二十一年了，但是他和善、勤俭、感恩、直率等等许许多多的优秀品质已经镌刻在我的记忆深处。每当想起这些，我就更加珍惜那十七年难忘的岁月，更加珍惜身边的每一个人、每一件工作。我想，这就是对董将军最好的纪念。

（本文作于2011年，选自《人民政协报》）

杨家三烈

文/红　飞

杨瑞年

杨瑞年（1916—1942年），又名杨瑞莲，女，1916年出生于江苏镇江。1932年入苏州女子师范学校读书。1935年回镇江任教，并开展抗日宣传活动。1938年，杨瑞年在山西临汾参加八路军，不久奉调皖南泾县新四军军部。1941年1月，皖南事变中，杨瑞年被俘，被关押在上饶集中营。1942年6月19日，上饶集中营向福建迁移过程中，行至崇安（今武夷山市）赤石镇时，被囚战士举行暴动。国民党军进行疯狂屠杀，杨瑞年身中三弹依然挺立，高呼“打倒国民党顽固派”“中国共产党万岁”，国民党军又向她连开四枪，杨瑞年壮烈牺牲，年仅二十六岁。

杨青年（1921—1947年），女，为杨瑞年胞妹，杨华年二姐。抗日战争全面爆发后，她参加镇江青年学生抗日宣传队，北上宣传抗日，奔赴延安抗大参加八路军。1947年杨青年积劳成疾，因公殉职于东北，年仅二十六岁。中华人民共和国成立后，杨青年被追认为烈士。

杨青年

杨华年

杨华年（1925—1942年），为杨瑞年和杨青年胞弟。1939年，十四岁的杨华年来到皖南参加新四军，后调军部特务营工作。皖南事变中杨华年与大姐同时被俘。1942年6月17日，上饶集中营迁移过程中，至崇安赤石镇时，被囚战士举行暴动，杨华年腿部受重伤，难友们要背他走，杨华年对难友们说：“不要等我了，你们快跑吧！”杨华年再次被俘，被顽军连戳数刀，牺牲在山沟里，年仅十七岁。

抗日战争期间，镇江城内出了一对英雄姐弟，姐姐名叫杨瑞年，弟弟名叫杨华年。他们与国民党英勇斗争的事迹，至今还被人们广为传颂。

一

杨瑞年于1916年7月19日出生，弟弟杨华年比她小九岁。父亲杨效颜，是第一次国共合作时期镇江市最早的国民党党员之一，也是一位进步的爱国人士。杨瑞年是杨家的长女，她从小就深受父亲的熏陶，具有强烈的爱国精神。她幼时在镇江城内薛家巷小学读书，十四岁时考入扬州中学女子初中部。当她读到第三个学年时，先后发生了九一八事变和八一二事变，全国各地掀起了抗日热潮。这时，扬州的青年学生被国民党第十九路军在上海浴血奋战的事迹所鼓舞，纷纷走上街头游行示威，号召人民大众起来抗日。杨瑞年参加了游行，并加入了学生纠察队，带头宣传抗日，积极参加查禁日货、处罚奸商的抗日活动。

1932年秋，杨瑞年初中毕业后考进了苏州女子师范学校。她学习勤奋，成绩优秀。课余时间，她经常阅读进步书刊，尤其对鲁迅著作和邹韬奋主编的《生活》周刊更是爱不释手。她十分崇敬鲁迅，将鲁迅的照片悬挂在床头。她从鲁迅的著作和进步书刊中受到了革命思想的启迪。

二

1935年，杨瑞年从苏州女子师范学校毕业后，先后在镇江达仁小学和高桥北小学任教。除教课外，她还和镇江一些爱好文艺的青年组织了一个读书会，阅读进步文艺书刊，传播进步思想。这年冬天，华北局势危急，北平爆发了一二·九学生爱国运动。在此影响下，镇江的部分学生和社会青年也纷纷行动起来，宣传抗日，并筹划举行抗日救亡演出。杨瑞年对抗日救亡活动非常热心，她常常利用课余时间积极参加排练，演出抗日节目，亲自教唱《毕业歌》等进步歌曲。杨瑞年的活动引起国民党当局的注意。1937年初夏，杨瑞年被捕，后经她父亲营救，被保释出狱。

杨瑞年烈士

抗日战争全面爆发后，全国各地抗日怒潮汹涌澎湃。杨瑞年出狱后，立即投入抗日救亡运动。她与一群爱国青年排演了《张家店》《咆哮的河北》等宣传抗日的短剧。公演时，国民党江苏省党部突然对戏院施加压力，禁止演出，参加演出的许多爱国青年愤愤不平。这时，杨瑞年鼓励同伴们说："省党部不让我们在剧场公演，我们可以到街头去，到乡下去，让更多的人观看我们的演出。"在杨瑞年的启发下，这群爱国青年毅然走上街头，奔向农村，广泛地开展了抗日宣传活动。

三

杨瑞年的爱国行动得到了当时在镇江工作的任季播（任弼时的妹妹）的热情支持和帮助，她鼓励杨瑞年到延安去参加革命。

1937年初冬，杨瑞年瞒着家人离开了家乡，奔向抗日前线。她先到西安，然后到山西临汾。在临汾她参加了八路军一一五师学兵队。1938年，新四军成立之初，杨瑞年奉调南下，到达皖南泾县，成了新四军的一名战士。

杨瑞年到皖南后，被分配在军部参谋处工作。1939年任军部教导总队文化教员，不久由邹兆华介绍，加入中国共产党。1940年初夏，杨瑞年调到政治处宣传科民运组工作。她平时为人正直，待人热情，工作积极，认真负责。由于她性格活泼开朗，喜爱唱歌演戏，每次文娱活动都有她的演出节目，很受同志们的敬佩。

杨瑞年，1938年春摄于南昌新四军办事处

杨华年在姐姐的动员下，于1939年到泾县参加了新四军。他先在新四军教导总队第五队，1940年调军部特务营工作。

1941年1月，国民党制造了震惊中外的皖南事变。新四军军部及所属部队九千多人奉命北移，在泾县茂林地区突遭国民党重兵包围袭击。新四军广大指战员奋起抗击，终因弹尽粮绝，除约两千人突围外，大部壮烈牺牲，一部分被俘，杨瑞年、杨华年也不幸被俘。不久，他们被押到江西上饶集中营。

杨华年在集中营中染上了回归热。国民党特务对他说：只要你自首，可以给你医治。但杨华年宁愿受病痛的折磨也不自首，毅然拒绝了特务的诱惑。

在集中营里，特务们不准“囚徒”们唱进步歌曲，逼着大家唱国民党党歌和三青团团歌。但是“囚徒”们巧妙地把歌词中的“三民主义，吾党所宗”改为“杀头主义，狐党所宗”，把“我们是三民主义的青年”改为“我们是共产主义的青年”等。一天，在繁重的苦役之后，特务们叫大家整队唱三青团团歌。大家刚唱完歌词的第一句，特务队长急忙叫喊“停止”，并气势汹汹地把杨华年叫出来责问，杨华年毫不示弱，特务将杨华年训斥一番后宣布解散。这时，特务头目陈国桢仍不甘罢休。他要大家重新排好队后，以审讯的口气直逼杨华年，要他交代是受谁指使改唱歌词的。杨华年镇定地回答：“我没有受谁指使，歌是你们教我唱的。”陈国桢气急败坏地叫来几个特务，将杨华年按倒在地，用扁担毒打了一顿。

杨华年被关在牢狱，睡在难友邢济民的身边。邢济民见他遍体鳞伤，关切

杨华年与姐姐杨瑞年一样经受住了上饶集中营的考验，1942 年 6 月 17 日在福建崇安赤石镇参加了赤石暴动，被捕后遇害

地安慰他，并告诉他，新四军已重建了军部，扩编为七个师，由陈毅代理军长。杨华年听到这一振奋人心的消息，欣喜得抓住邢济民的手说：“这太好了，如果我们能冲破牢笼，回到部队，和同志们一起杀上抗日前线，那该多好啊！”

杨瑞年被俘后，在特务的威胁利诱面前毫不动摇。她对难友们关怀无微不至，与特务斗争总是站在前列，从不考虑个人的安危，表现了一个共产党员崇高的品质。

新四军被俘人员被押解到上饶集中营以前，先被国民党第五十二师押在泾县。国民党企图用拉拢的手段在被俘人员中打开缺口，以涣散人心。

五十二师师长刘秉哲有个姨太太，和杨瑞年曾经是同学。有一天，刘秉哲的姨太太派勤务兵将杨瑞年领去。交谈中，她以老同学的身份对杨瑞年的处境表示同情和关切，希望杨瑞年回心转意。杨瑞年轻蔑地对这个姨太太说：“我们过去是要好的同学，但现在是各有所求，志不同、道不合了。”这个姨太太虽然碰了钉子，但她还是厚着脸皮说：“瑞年，不要这样任性。想一想吧，你现在是俘虏啊！共产党、新四军给了你什么好处？你何必这样执迷不悟呢？像你这样的人才，如果愿意到我们五十二师服务团来，真是前途无量！”杨瑞年听后异常愤懑，立即起身对她说：“多谢你的好意！我参加新四军是为了抗日救国，不是为了追求个人享受。”这个姨太太顷刻面红耳赤，十分尴尬，只好叫人将杨瑞年带走。

在上饶集中营里关押着一个叫施奇的年轻女同志，她原是上海的工人，在新四军军部做机要工作。皖南事变发生时，她被十多个国民党兵欺侮了，身体受到严重摧残，被关在一处单独的牢房里。杨瑞年主动关心和照顾她，经常帮她擦身、喂药。杨瑞年从施奇处得知有部分男同志准备越狱需要鞋子时，就撕掉自己衣服制作一双布鞋，通过施奇送给他们。后来，陈茂辉（中华人民共和国成立后曾任江苏省军区司令员）就是穿了这双鞋子逃出虎口的。

被俘的新四军人员在被押解到上饶集中营的前一天，到达离茅家岭不远的八都镇，天色已近黄昏。就地休息的时候，国民党士兵送来掺有砂子的糙米饭。当时被俘男女是分开的，男的这边由于人多饭少，不够吃，女的见状，便把省下的一小桶饭送过去。不料被一个特务发现了，将这桶饭推翻在地，嘴里还不

停地骂道："饿鬼，瘪三，偏不给他们吃！"男难友们气极了，同他论理，这特务反而动手打人。这天晚上，关在女监里的同志们愤愤不平。毛微青主动写条子递给男同志，不料被特务发现了。特务们威逼毛微青交代是谁让写的？写给谁？企图从中找出为首者。毛微青坚定地答道："是大家叫写的。"特务头子张超立即将女同志们集中起来追查。杨瑞年第一站出来说："是我们叫她写的！"接着，女同志们纷纷站出来齐声说道："是的，是我们叫她写的。"张超见苗头不对，装腔作势地训斥了一顿话就溜了。特务们为了能从同志们身上探口风，绞尽了脑汁，要尽了花招，软硬兼施，结果都是以失败而告终。

四

1942年夏，浙赣会战打响，金华、衢州、江山相继沦陷。驻上饶的国民党第三战区指挥机关向南溃退。6月5日，上饶集中营随之迁移。6月17日杨华年所在的战俘第六队行进到福建省崇安赤石镇，开始渡崇溪河。这正是暴动的良机，因为过了崇溪河便是武夷山，那里有共产党领导的游击队活动。六队的秘密党支部早已做出决定，并已进行了准备，选择适当时机和地点举行集体暴动，被俘的战士们时刻听候行动的信号。下午4时许，六队一百多名被俘战士在少数国民党宪兵押解下第一批过了河。当第二批渡河的船行到河中间的时候，负责指挥暴动的王达均大声高呼："同志们，冲啊！"这时第一批过河的被俘战士纷纷向武夷山奔去。特务、宪兵慌忙举枪向暴动的人群射击。被俘人员由于长期的苦役和疾病摧残，加上长途跋涉的疲劳，步履非常艰难。杨华年是一路跑一路摔跤，不幸伤了腿。他想支撑着站起来，可一条腿已失去了知觉，怎么也站不稳，他再也不能跑了。同志们要背他走，杨华年深知时间就是生命，他恳切地对同志们说："不要管我了，你们快跑吧！"杨华年再次落入魔掌，被戳了几刀后，牺牲在山沟里。

这次赤石暴动，连同5月25日在上饶时发生的茅家岭暴动，使特务们对俘虏加强了戒备，并进行了疯狂的屠杀。杨瑞年也被列在枪杀名单之中。

1942年6月19日深夜，国民党特务将七十七名新四军战士分批押到距赤石镇东北约四五里处荒凉的虎山庙内。翌日下午3时，特务们开始下毒手了。第一批被押赴刑场的有肖余生、郭胜、路垣、王子熟、郑平、秦天烽等十四人，他们在特务的机枪扫射下倒在血泊之中（其中秦天烽是这次屠杀中唯一的幸存者）。

杨瑞年、凌红、徐韧等七名女同志是第二批就义的。她们在被押至刑场时，个个怒视敌人，痛骂不止，并齐声高唱《国际歌》。国民党宪兵准备向她们开枪。杨瑞年狠狠地向刽子手们瞪了一眼，首先大声喊道："同志们！我们的血不会白流。抗战一定会胜利。革命一定能成功。共产主义一定会实现。"她身中三弹仍然挺立着，继续高呼："打倒国民党顽固派！""中华民族解放万岁！""中国共产党万岁！"宪兵们又狠狠地朝她打了几枪。杨瑞年身中七弹，壮烈牺牲。

烈士们的躯体虽然倒下了，但他们为革命英勇牺牲的精神永远激励着人们前赴后继、勇往直前。

（本文由中国红故事网供稿）

邓颖超小传

文 / 王　忱

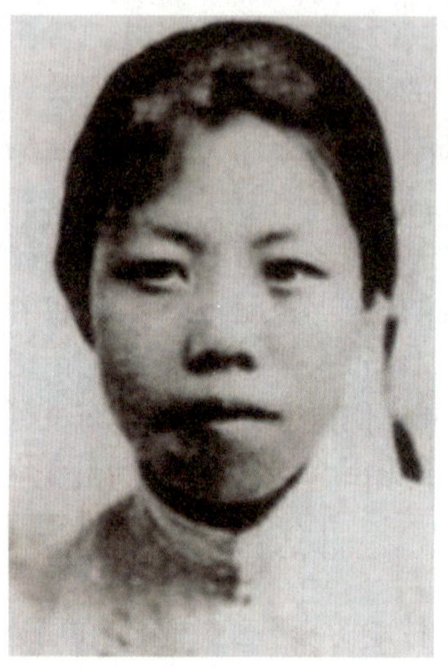

青年时代的邓颖超

1937 年夏天，邓颖超在北平西山福寿岭平民疗养院前留影

邓颖超，原名邓文淑，1904 年 2 月 4 日生于广西南宁。她的父亲是清朝官员，母亲是一名中医。邓颖超幼年丧父，母女俩辗转来到天津，靠行医维持生活。

1913 年至 1920 年，邓颖超先后在北京平民学校、天津直隶第一女子师范学校读书，后在北平师大附小、天津达仁女校任教。在这一时期，她受到了许多进步思想的影响。1919 年五四运动时期，她和刘清扬、郭隆真、张若名等组织天津女界爱国同志会，并参与组织了天津各界联合会。她还和周恩来、马骏、郭隆真等天津学生运动的领导者，共同组织了进步青年团体觉悟社，参与领导天津学生的爱国运动。

觉悟社的宗旨是改造中国学生的思想。邓颖超曾撰文《为什么？》刊登在周恩来主编的《觉悟》杂志第一期。文中说道："为什么要看不起人？现在多数学生，觉得自己有点学问，装饰得新奇一点，觉得算是社会上特殊的人了。于是见了那无知识的、贫穷的、乡下的同那劳动界一般苦的同胞们，简直就不愿意理睬。为什么要妒忌人？妒忌心发生以后，跟随着就是运用阴谋。我们中国人最缺乏的就是做事的人。人一天比一天多，事一天比一天繁，而真正做事的人还是一个也不增加……"

虽然年仅十五岁，但是邓颖超已经在周恩来等同学的帮助下，开始思考人生中一些深刻的问题了，她用一颗善良的少女心，去说明为什么社会上会出现许多使人不满的现象，而为什么这样的现象不仅没有被革除，反而愈演愈烈。

邓颖超女师毕业之后，教了五年小学。常年和儿童的接触，使得邓颖超终生热爱儿童，与他们结下了不解之缘。作为一个十六岁的少女，邓颖超破天荒地来到男校教书。她善于启发，用讲故事的方式教孩子做人、爱人、爱国家。从太平天国讲到辛亥革命，更讲到自己亲身经历的新文化运动和五四运动，使得孩子们深深地着迷，他们缠着邓颖超喊道："邓先生，再讲一个！"

在教书的同时，邓颖超也没有忘记参与革命活动，1922 年邓颖超参与组织女权运动同盟会直隶支部。1924 年参加中国共产主义青年团，1925 年 3 月转为中国共产党党员，任中共天津地委妇女部长。

1922 年底，邓颖超与王贞儒等前往北京，向国会递交了请愿书，要求政府维护妇女权益，实现男女平等。请愿书有许多进步内容，比如要求全国教育机关，一概为妇女开放；女子与男子平等，享有宪法上人民应享的权利；私法上的夫妻关系、亲子关系、继承权、行为权等，一律依男女平等的原则，大家修改；依同工同酬及保护女性之原则，制定保护女工法。国会当然是不会接受这些内容的，但是邓颖超在繁忙的工作和实践中锻炼了胆识，也积累了学识。

1923 年，邓颖超正在备课期间，突然得知年仅二十一岁的女师同学张嗣婧过世了。

张嗣婧被父母包办婚姻，她既要工作挣钱，又要照顾孩子和料理家务，侍候公婆、丈夫、大小姑子等，产后劳累病倒了。她病倒之后，婆婆不舍得给她用好药，请好医生，她在病痛中结束了自己痛苦的一生。

对此，邓颖超十分悲痛，她组织同志们为张嗣婧举行了隆重的追悼会，自己声泪俱下地写下了祭文："现代黑暗的社会，简直是女子的陷阱，必须向万恶的旧制度攻击！”

随后，她还在《女权运动同盟直隶支部特刊》第三期出版了追悼张嗣婧的专辑，邓颖超为好友写传，还写下了著名的文章《姐妹们起哟》，当中说道：“新人生，新事业，新天地，新光明，全是凭人的力量，人的努力，和勇敢创造的精神去寻求开垦得来的，不是天赋的，不是命定的。亲爱的姐妹们，起哟！做一个真独立的‘人’吧！”

1923 年 4 月，邓颖超等一干进步女青年建立了妇女组织“女星社”。邓颖超担任女星社总务部书记，后来又担任了总务委员会委员长，是女星社的主要负责人。女星社成立之后，不仅着力为妇女遭受的不平主持公道，而且也通过发展女性教育，帮助妇女们自立自强。比如，开办专门培训失业女工的天津女星第一补习学校，邓颖超等人还开动自己的社会关系和资源，推荐补习学校的毕业生去天津劝业场等一些商店去工作，1924 年 5 月，她们又建立了女星义务补习学校，给家庭妇女们上课。

除了培训，女星社也积极投身反对社会不公平现象。比如在轰动一时的天津富豪张致和杀妻案，女星社就和多家新闻媒体一起揭露张致和勾结官府企图逃避法律制裁的内幕，掀起了巨大的社会舆论压力，北京和天津的律师都不敢为张致和辩护，法庭最终宣布应对张处以极刑。

1925 年夏，大革命轰轰烈烈地展开了，邓颖超被调到广东，任中共广东区委委员、妇委书记和国民党省党部妇女部秘书等职。她同国民党中央妇女部部长何香凝真诚合作，组织广大妇女投身国民革命。同年 8 月 8 日，她和周恩来结婚，从此他们结为终身革命伴侣。1926 年，邓颖超在中国国民党第二次全国代表大会上，当选为候补中央执行委员。她为推进国共合作和统一战线工作，作出了积极的贡献。1927 年，蒋介石叛变革命后，邓颖超从广东到上海，任中共中央妇委书记，在白色恐怖的恶劣环境下，坚持党的地下工作。

1928 年 6 月，邓颖超与许多同志一起出席了在莫斯科举行的中共六大，她参与了组织、职工运动、妇女、农民等四个委员会的讨论。在发言中，她表示支持发动群众，在有条件的地方开展武装斗争。

回到上海，邓颖超担任中共中央直属机关支部书记，与周恩来等同志一起坚持地下斗争，领导中国革命。邓颖超严守机密，行动谨慎小心，几度安然脱险。

在上海，邓颖超坚持从小事做起，联合最基层的工农，使他们能够争取好的劳动条件。

有一次，邓颖超得知闸北有些丝厂没有通风降温设备，而女工们要在滚烫的开水里捞茧缫丝，经常有人热昏过去。

于是，邓颖超和项英、李富春、李维汉、蔡畅、徐锡根等同志一起，制定了丝厂工人的罢工计划，提出了改善劳动条件，增加工资，严禁工头打骂工人，要求不准厂方随便开除工人等。邓颖超笑着说：“我们要像电风扇一样，煽动受压迫的群众起来，和资本家做斗争！”

1930 年 7 月的一天下午，闸北丝厂上万工人到江宁路、长寿路口集合举行罢工，经过坚决的斗争，工人的劳动条件有所改善，厂方也补发了罢工期间工

人的部分工资。

1932 年至 1934 年，因为上海白区的党组织遭到了破坏，邓颖超随周恩来等转入中央革命根据地，参加党政工作。先后任中共中央局宣传部和组织部干事、中央机关总支书记、中共中央局秘书长、中共中央政治局秘书、中华苏维埃共和国第二届中央执行委员等职。此时的邓颖超，一米六左右的个子，微胖的鹅蛋脸，戴着厚厚的圆边眼镜，眼镜底下是一对有神的大眼，因为爱好京剧的缘故，因此她说话嗓音洪亮、底气十足，一口标准的北平官话。她是周恩来的贤内助，因此工作作风也和周恩来很相似，低调而稳重，是所有女红军里资历最老的几个人之一。

邓颖超在中央苏区主要做机要工作，她常常谦虚地说："向苏区的同志们学习。"邓颖超能够把有几千个号码的整本电报号码本都背出来，在极短的时间内就把电报译出文字，这是她在上海工作时就已经熟稔于心的技术了。她看电报非常细致，一般要看两遍，连一个标点符号也不放过，遇到错字，就让机要人员把密码本拿来，进行仔细地核对。她常说："搞我们这样的工作，可不能有半点马虎，搞错一个字，就会失之毫厘差之千里。"

周恩来去前线指挥打仗后，曾有长达一年都没有见到自己的妻子，再见之时，周恩来吓了一跳，原来繁重的工作和艰苦的生活，使得邓颖超瘦了很多。但即使如此，邓颖超依然坚持星期六义务劳动，为红军家属砍柴。

在苏区生活期间，看到万山红遍，层林尽染，第四次反"围剿"战争又取得了胜利，邓颖超激情满腔地写下了这样一首诗：

这片鲜红的叶儿，

象征着正在燃烧着的战争动员的热情，

象征着前线剧烈的战火，

象征着革命儿女相思的情意

象征着革命与爱的交互紧张循环的血流哟！

鲜红的旗——中国工农解放唯一的战旗，

鲜红紧张的血流——战争迅速胜利的源泉。

流呀！鲜红的血，赤化全中国！

战呀！英勇的红色战士！

粉碎敌人的大举进攻！

争取战争的全部胜利！

看哪，

开着革命胜利与爱的灿烂之花，

结出革命胜利与爱的巩固的果！

除了机要工作外，邓颖超也经常充当同志们的"军师"，甘做幕后工作的她觉得同志们的工作水平提高就好，自己出不出头无所谓。周月林担任中央妇女部长的时候，组织上希望邓颖超帮助她开展妇女工作，周月林非常尊重邓颖超，大事小事都要与她商量。1934 年 1 月召开第二次全国工农兵代表大会时，周月林被选上了中央执委和主席团成员，她深知邓颖超的工作能力和对自己的帮助，向博古表示，选邓颖超当执委和主席团成员更合适。博古刻板地说："我们要按票数来的。"

周月林自嘲地说："也许我天天搞妇女工作，经常下乡，接触面广，认得我的人多些，其实我远远不如邓大姐。"

红色政权和红军就是这样尊重民意，互相帮扶，谦虚好学。

1935 年 10 月，邓颖超（左一）与李克农（中坐椅子者）等摄于陕北保安（今志丹县）

邓颖超（右）与母亲杨振德的合影

1941 年在重庆，邓颖超与蔡树藩（左一）、钟赤兵（右一）合影

1934年4月，红军在第五次反“围剿”的广昌战役失败后，中共中央书记处决定红军撤离中央苏区。6月，中共中央书记处会议决定成立由博古、李德和周恩来组成的“三人团”，秘密主持筹划战略转移。此时，邓颖超肺结核复发。服下了母亲给自己熬制的几服中药后，邓颖超的病才稍好了些。

邓颖超很清楚组织上会让自己跟随部队一起行动，但肺结核也是很要命的病，在当时有“十痨九死”的说法。邓颖超不愿意因为自己的病给组织上和他人造成任何麻烦。长征出发时，她曾向党组织要求留在中央苏区，一方面养病，一方面做点工作，免得成为负担。但中央决定让她随同红军走，她坚决服从。

在长征中，邓颖超被编入干部休养连，一半时间躺担架，一半时间骑马。为此她说：“我虽然是长征过来的，可是不能算长征时的红军女战士。真正的女战士是像康克清、李坚真同志那样。当时，她们都在连队当指导员。而我那时重病在身，属于休养连的休养员。”

过草地时，周恩来因病身体极度虚弱，行走十分困难。毛泽东非常着急，一再嘱咐彭德怀组织力量抬着他过草地。彭德怀命令陈赓抽出一个排组成担架队，陈赓亲自担任担架队队长，杨立三见人手不够，也坚持要参加担架队，同志们抬着周恩来向大草地进发，邓颖超骑马跟在后面。突然雷电交加，邓颖超骑的马受惊了，一下子离开队伍，掉进了沼泽地。邓颖超被摔进了泥潭，因为怕被陷进去，她一动也不敢动，幸好后边来了人，才把她给拉了出来。

第二天，邓颖超就发高烧、拉肚子。第三天，红军又要过一条河。河水很深，水流也急，开始时人都没法徒步涉水。后来，红军解下绑带，连接起来，派人牵着先过河去，系在对岸的树上，然后大家扶着绑带过河。很多红军都这样过去了，但身体虚弱的老同志和伤病员，扶着绳子也经不起水流的冲击。后来，警卫营的同志们跳下水去，站在激流中筑成一道水中的人墙，让老同志和伤病员从他们身边通过。战士们要把邓颖超抬过去，但她拒绝了，坚持自己走过冰冷刺骨的河水。她扶着战士们的肩膀，走过了对岸。

经过七天七夜，中央红军终于到了巴西地区，看到了房子，告别了草地，大家都很高兴。房子是上下两层的，上层住人，下层养牛羊。邓颖超的身体很虚弱，倒在房子的第一层，一动不动。看到她衰弱的样子，蔡畅不禁痛哭失声，觉得她活不了了。

但是，邓颖超以革命乐观主义精神和顽强的意志，坚持到达了陕北。

到达陕北后，邓颖超担任了中央机要科科长，还没有完全恢复健康的她常常半靠在床头上，一字一句地认真审阅电报稿。有时，周恩来来看望她，译电员把电报交给周恩来后，身为中革军委副主席的周恩来依然要将电报再念一遍给邓颖超听，可见他对邓颖超是多么尊重。

为了尽快取得与苏联的电讯联系，中央决定设立国际专用台，从苏联来到延安的张浩把随身带来的电台呼号和密码本交给了邓颖超，经过一两天的呼叫，电台与莫斯科联系上了。第一份电报就是张浩起草的，报告他与中共在陕北保安取得联系的经过。电报发出不久，就收到了回电，从而使得共产国际对中国

晚年担任人民政协主席的邓颖超

革命在遵义会议之后的进程有了新的了解。作为机要工作者，一次试通成功，便结束了中共与共产国际失去了多年电讯联系的状况，是一件非常了不起的大事，其中凝结着邓颖超和机要人员的心血。

中华人民共和国成立后，邓颖超历任全国妇联副主席、党组副书记、名誉主席，中国人民保卫儿童全国委员会副主席，第四、第五届全国人大常委会副委员长、中共中央纪律检查委员会第二书记、第十一届、十二届中共中央政治局委员、第六届全国政协主席等重要职务。她为妇女事业的开展、党内民主法制的建设、海峡两岸的和平统一以及青少年儿童的健康成长呕心沥血，作出了贡献。

有勇有谋夺胜利

口述/赵　新　整理/范建生

赵新，解放军天津某仓库原顾问，四川宣汉人，1918年1月生，1933年加入工农红军，参加了长征。

修工事

1933年冬，四川“剿匪”总司令刘湘纠集各路军阀三十多万人马，对川陕苏区进行围攻，妄图置红军于死地，形势十分严峻。

经过三天三夜的急行军，我军刚到袁沙场一带，白匪军便尾追而来。我团担负阻击敌军、掩护大部队撤退的任务，我连主要负责构筑掩体、战壕和掩蔽部等工事。工事本来修得挺好，但敌人的飞机在上空飞一遭，扔下几枚炸弹，工事就被炸得一塌糊涂。我们抓紧抢修，忽然一颗炸弹落到了掩蔽部附近，正在修工事的我被飞起的泥石活埋。当战友们好不容易把我扒出来时，我已浑身是血，晕了过去，之后被送到附近山村老乡家休养。

虽然只是皮肉伤，但是为了安全起见，我还是耐着性子在老乡家待了两天，心里一直琢磨：费这么大劲儿修的工事，怎么就不堪一击呢？后来，我想起小时候和伙伴们玩游戏时，经常绕“之”字形路线追赶逃脱。我就想，如果把工事也修成“之”字形，在拐弯抹角处堆上树枝进行伪装，那只能飞直线的敌机不就很难发现阵地了吗？这个念头让我兴奋不已，不顾一切就往阵地上跑。

团里采用我的建议，我们摸黑干了一夜，把所有的工事都修得曲里拐弯的，伪装得也很好。第二天，敌机在半空绕了几圈，果然没有发现。晚上，敌军的部队中了我们的埋伏，被打得落花流水，我还因为出了好点子得了一次嘉奖。

捉“舌头”

1935年秋，我所在的三十军九十师受命攻打鼎山场。师长王乃贵命令我们侦察连提个“舌头”，摸清敌情。

这天深夜，天黑乎乎的，阵地上静

红军山上的红军烈士纪念碑

民兵架起土炮，准备打击进犯之敌

红军战壕遗址

红军山上红军当年挖的战壕

得出奇。排长带着我跳过两道战壕，翻过栅栏，绕过小树林里打瞌睡的敌人哨兵，藏在一堵断墙下，观察周围情况。忽然，从远处树林边传来一阵脚步声，只听一个声音说：“连长，我拉肚子。”“你事儿还真多，滚一边拉去！”敌连长说完，朝断墙这边走来。瞅准机会，我一跃而起，掐住敌连长的脖子，把他扑倒在地，用破布塞住了他的嘴，排长用绳子将他的手脚一绕，我俩抬起来就跑。刚跑出一段，后面就传来了哨兵的呼喊声，手电筒的光柱不停地向我们这边晃动，子弹也嗖嗖地飞了过来。情急之下，我端起“汉阳造”步枪，往后打枪，枪响灯灭。敌哨兵惊叫一声，呆立在原地，我们趁机撤了出来，顺利地把“舌头”交给了师长。

遭遇战

1935年8月，我们走出草地时，已是三天三夜没吃一点东西，肚子里灌的全是水，举步维艰。进入川北班佑地区后，守敌胡宗南部又围追阻截。为扫清红军北上的障碍，我们与敌军在班佑以东的大戒寺和包座打了一场遭遇战。大戒寺背靠一座五六百米的大山，寺前有一条小河，虽然只有两丈宽，但因为地势陡峭，又逢雨季，河水深而湍急，形成一道天然屏障。8月29日黄昏，我军突然发动猛攻，付出血的代价，夺取了外围据点，敌军死命抵抗，等待援兵到来。

30日下午5时，敌援兵钻进了我们预设的“口袋”。嘹亮的冲锋号刚刚吹响，我军如下山的猛虎直扑敌军，打得敌人鬼哭狼嚎，六七里长的战场一片火海。我第一个跃出战壕，啪地一枪打倒了白匪军的一个指挥官，乘敌人混乱之际，大家冲上去和敌人展开了厮杀。战斗进行得极其惨烈，一起参军的小伙伴赵耙子满身是血，牺牲时双手还紧握着大刀；排长端着机枪冲在最前面，子弹打光了，就用大刀砍，被打断了一条胳膊后，还把短刀捅入了敌人的胸膛。

经过七八个小时的激战，我军将胡宗南的四十九师全部歼灭，敌师长伍诚仁负伤后跳河自杀。我们还缴获了大量的急需物资，使敌军将我军困在草地的阴谋彻底破产。

（本文选自《解放军报》）

回忆长征路

文 / 伍衡阳

老红军伍衡阳

伍衡阳，湖南省石门县人。1918 年 10 月出生，1935 年 8 月参加中国工农红军，1936 年 1 月加入中国共产党。历任班长、营支书、团组织股长、团政治处主任、东北独立一师三团副政治委员、东北十纵队八十八团政治委员、公安第一师政治部副主任、东北公安部队干部部副部长、山东省昌潍军分区副政治委员、山东省济宁军分区第二政治委员等职。

他参加了长征，在抗日战争和解放战争时期参加过著名的五台山、辽西、平津等战役。1955 年被授予上校军衔，同年荣获三级八一勋章、二级独立自由勋章和二级解放勋章各一枚，1988 年被授予二级红星功勋荣誉章。

1935 年秋天，还未满十七岁的我参加了工农红军，同年 11 月开始长征。爬雪山、过草地、过金沙江、穿越原始森林……

"红小鬼"捡来一杆枪

1935 年，红军六军团来到了我的家乡石门县九间铺村。红军一来，我们都感觉和以前的军队完全不一样。以前国民党的军队一进村，抓鸡赶猪，红军就不一样，他们从来不进老百姓家门，不拿老百姓的东西。那时宣传组到家里来都非常客气。宣传组告诉我们，参加红军可以解放劳苦大众，保卫咱家乡。村子里好多人都去参加红军，我也去了，后来我被编入六军团十六师四十六团一营二连。

1935 年 11 月 19 日，我们就开始长征了。我们从桑植县王家坪出发，一直往南走，首先到大庸（今张家界市），穿过天子山。那时敌人追我们追得紧，他们人多武器多，我们一路都要避开他们，当然遇到了肯定是要打。在天子山顶上，往下看，就可以看到山下的坪里都是敌人，他们还朝山上开枪，但我们还要继续往前走。后来我们到了新化，再到安

红军长征纪念碑

化，然后到了溆浦，每天都要走七八十里路。

那时是冬天，天气非常冷，我们战士都穿着很单薄的衣服，穿着草鞋。草鞋是从老百姓那买来的，一个铜板一双。可还是有很多战士因为没买上草鞋，只能打着赤脚走路。地面上结了霜，又滑又冷，我们只能加快步伐，希望在天黑前找到宿营地，到时候大家就能围着烤火，暖和一下。我们每人肩上扛着一袋米，到了宿营地，炊事员就会来收米。我们的粮食都是靠打土豪得来的，每到一个地方，我们就去打土豪，把粮食和钱物分给穷苦人家，然后再背一些上路。

武器很紧缺，不是每个人都有枪的，我就没有。到了溆浦，我们遇见了敌人的正规军，在那里，我们打了起来。在那场战斗中，虽然我没枪，但还是跟着大伙一起冲锋，一点也不害怕。战斗结束后，我在阵地里捡到一杆枪和一些子弹，那是敌人逃跑留下的。那可是我第一次拿起枪啊！后来，连长把我喊了去，说我年纪小，下次缴获了枪再分给我，最后我把那杆枪交给了连长。

1936 年 1 月 9 日我们到了铜仁，然后走到江口，来到石阡。从出发地到石阡，我们走了整整五十天，国民党的军队一直前堵后追，两面夹击，这五十天里，几乎每天都在打仗。

乌蒙山里被围困

3 月初，我们走到了乌蒙山，在这里我们遇到了敌人。他们把山的四周团团包围，我们很难走出去。乌蒙山位于云贵川三省交界地，海拔有两千多米。当时国民党一百三十个团，对我们进行严密封锁，形成一道道险恶的屏障。那时我们红二、红六军团两万人的大部队，在云雾中到处找，希望找到一个落脚地方。那时敌人追得很急，他们还抢先占领了七星关，国民党还有两支部队先赶到威宁地区，想在前面堵我们。那时天上有飞机侦察、轰炸，地上有敌人前堵后追，左右夹击，我们被围困了。军团首长们对敌人的意图也很清楚，任弼时、贺龙、关向应、萧克、王震他们一起商量，决定改变原来的行动路线，不去安顺，往乌蒙山北走，去云南。彝良县的奎香是乌蒙回旋战的大本营，我们当即掉转马头，直奔奎香。果然不出所料，敌人误以为我们要经镇雄、彝良，过金沙江和红四方面军会合，他们就立即朝镇雄去围堵我们。

红军过草地时穿过的蓑衣

我们到奎香

乌蒙山战役

后，大家吃了顿饱饭，天没黑就睡觉了。后来，我们接到命令，要立即做饭，吃一餐，带一餐，连夜出发，设伏待机歼敌。一听要打仗，战士们都好兴奋，忘记了白天的疲劳，摸着黑跑步前进。晚上伸手不见五指，两边是高山，脚下是小河，寒风阵阵，很难走。指战员大声吆喝："跟上部队，不要掉队！"一旦停下来，露水、汗水就把衣服全都打湿了。战士们牙齿咬得咯咯响，只能在原地踏步取暖。后面几天，我们遇见了敌人，二话没说就打了起来。我们歼灭了不少敌人，缴获很多弹药。敌人主力听到前方的枪声，不明深浅，也不敢轻举妄动。几个来回后，我们月底才走出了乌蒙山。紧接着我们三天三夜不休息，渡过了金沙江。敌人追在后面，只能捡到我们丢在岸边的草鞋。

走过雪山班里只剩四个人

长征途中，我们翻越了四座大雪山。到云南后，我们翻越的第一座雪山就是玉龙雪山，海拔有五千多米。雪山天气变化无常，明明刚出太阳，突然就来了乌云，狂风大作，开始下大雪。我们很多战士都打着赤脚，氧气也十分稀薄，但我们不能停下来，一睡着就有危险。

我们强帮弱，大助小，饿了啃一口干粮，渴了含一口雪，手拉着手艰难地向前迈进。我们利用铁铲在冰雪上挖孔，后面的人则沿着我们挖出的蜿蜒曲折的雪路往上爬。仰面看，头顶上有人，低头看，脚底下也有人。1936年4月底，北上西康甘孜途中，我们翻越了哈巴雪山。哈巴雪山，雪峰林立，高耸云端，金沙江、澜沧江的激流不断冲刷的峡谷陡峭异常，很难通行。雪山陡峭险峻，道路崎岖，气候严寒，行走时呼吸困难，一不小心，就会失足滑倒，跌入深渊。

走过雪山，我们减员不少。开始时我们班十二个人，我是副班长。过玉龙雪山时，就有一个人没下山，到甘孜还有十一个人。后来班长负伤，又没药没吃，慢慢地，他就掉队了。后来过阿坝草地时，牺牲了四人，走完草地，我们班只有四个人了。剩下的三名战友，一个叫朱新阳、一个叫胡华庭，一个叫韦子才。后来我找过他们，朱新阳抗日时牺牲了，韦子才留在了南泥湾，胡华庭一直没找到。

（本文由中国红色故事网供稿）

乌蒙山风光

老山界

文 / 陆定一

陆定一

我们决定要爬一座三十里高的瑶山，地图上叫越城岭，土名叫老山界。

下午才动身，沿着山沟向上走。前面不知道为什么走不动，等了好久才走了几步，又要停下来等。队伍挤得紧紧的，站累了，就在路旁坐下来，等前头喊着“走，走，走”，就站起来再走。满望可以多走一段，可是走不了几次又要停下来。天色晚了，肚子饿了，许多人烦得叫起来、骂起来。我们偷了个空儿，跑到前面去。地势渐渐更加陡峭起来。我们已经超过自己的纵队，跑到“红星”纵队的尾巴上，恰好在转弯地方发现路旁有一间房子，我们就进去歇一下。

这是一家瑶族同胞，住着母女二人；男人大概是因为听到队伍要经过，照着习惯，到什么地方去躲起来了。

“大嫂，借你这里歇歇脚儿。”

“请到里边坐。”她带着些惊惶的神情说。队伍还是极慢地向前行动。我们就跟瑶族同胞攀谈起来。照我们一路上的经验，不论是谁，不论他们开始怎样怕我们，只要我们对他们说清楚了红军是什么，没有不变忧为喜，同我们十分亲热起来的。今天对瑶民，我们也要试一试。

我们谈到红军，谈到苛捐杂税，谈到广西军阀禁止瑶族同胞信仰自己的宗教，残杀瑶族同胞，谈到她住在这里的生活情形，那女人哭起来了。

她说她原来也有过地，但是有人把他们从自己的地上赶跑了。现在住到这荒山上来，种人家的地，每年要缴特别繁重的租税。她说：“广西的苛捐杂税对我们来说特别重，广西军阀欺侮我们。你们红军早些来就好了，我们就不会吃这样的苦了。”

她问我们饿了没有，这一问正问中了我们的心事。她拿出仅有的一点米，放在房中间木头架成的一个灶上煮粥。她对我们道歉，说没有多的米，也没有大锅，要不就多煮些给部队吃。我们给她钱，她不要。好不容易来了一个认识的同志，带来一袋米，够吃三天的粮食，虽然明知道前面粮食缺乏，我们还是把这整袋子米送给她，她非常欢喜地接受了。

部队今天夜里非行军不可，她的房

子和篱笆都是枯竹编成的，我们生怕有人拆下来当火把点，就写了几条标语，用米汤贴在外面显眼的地方，告知我们的部队不准拆篱笆当火把。我们问了瑶族同胞，知道前面还有竹林，可以砍来做火把，就派人到前面竹林去准备。

粥吃起来十分香甜，因为的确是饿了，我们也拿碗盛给瑶族同胞母女吃。打听前面的路程，知道前面有一个地方叫雷公岩，很陡，上山三十里，下山十五里，再前面才是塘坊边。

自己的队伍来了，我们烧了些水给大家喝。一路前进，天黑了才到山脚，果然有许多竹林。

满天都是星光，火把也亮起来了。从山脚向上望，只见火把排成许多“之”字形，一直连到天上，分不出是火把还是星星，这真是我生平没见过的奇观。

大家都知道这座山险峻陡峭，不由浑身紧张，前后呼喊起来，都想加一把力，好快些翻过山去。

“不要掉队呀！”

“不要落后做乌龟呀！”

“我们顶着天啦！”

大家听了，哈哈地笑起来。在“之”字形的路上一步一步地走上去。向上看，火把在头顶上一点点排到天空；向下看，简直是绝壁。

走了半天，忽然前面又走不动了。传来的话说，前面又有一段路在峭壁上，马爬不上去。又等到一个多小时，传下命令来说，就在原地睡觉，等到明天一早登山。

就在这里睡觉？怎么行呢？然而下去到竹林里睡是不可能的，但就在路上睡么？路只有一尺来宽，半夜里一个翻身不就骨碌下去了吗？而且路上的石头又非常不平，睡一晚准会疼死人。

但这是没有办法的，只得裹一条毯子，横着心躺下去。因为实在太疲倦，一会儿就酣然入梦了。

半夜里，忽然醒来，才觉得寒气逼人，刺入肌骨，浑身打着战。即使把毯子卷得更紧，把身子蜷缩起来，也还是睡不着。天上闪烁的星星好像黑幕上缀着的宝石，它跟我们这样地接近！黑的山峰像巨人一样矗立在面前，四围的山把这山谷包围得像一口井。上边和下边有几堆火没有熄，冻醒了的同志们围着火堆小声地谈着话。除此以外，就是寂静。耳朵里有不可捉摸的声响，极远的又是极近的，极洪大的又是极细切的，像春蚕在咀嚼桑叶，像野马在平原上奔驰，像山泉在呜咽，像波涛在澎湃。不知什么时候又睡着了。

黎明的时候被人推醒，说是准备出发。山下有人送饭上来，不管三七二十一，抢了一碗就吃。

又传下命令来，要队伍今天无论如何爬过这座山。因为山路很难走，一路上需要督促前进。我们几个人又停下来，立刻写标语，分配人到山下山上各段去喊口号、演说，帮助病员和运输员。忙了一会，再向前进。

走了不多远，看见昨晚所说的峭壁上的路，也就是所谓的雷公岩，果然陡极了，几乎是九十度垂直的石梯，只有一尺多宽；旁边就是悬崖，虽然不是很深，但也够吓人的。崖下已经聚集了很多马匹，都是昨晚不能过去，要等今天全纵队过完了再过去的。有几匹马曾经从崖上跌下来，脚骨都断了。

我们很小心地过了这个石梯，上面的路虽然还很陡，但并不那么厉害了。

红军翻越老山界

老山界

一路走，一路检查标语。我渐渐地掉了队，顺便做些鼓动工作。

这山爬完了，我以为三十里的山就是那么一点，恰巧来了一个瑶族同胞，同他谈谈，知道还差得远，还有二十多里很陡的山。

昨天的晚饭，今天的早饭，都没吃饱。肚子很饿，气力不够，但是必须鼓着勇气前进。一路上，之前准备好的标语用完了，就一路写标语，贴在岩壁上。累得走不动的时候，索性在地上躺一会儿。

快要到山顶的时候，发现自己已经落后得很远了。许多运输员都走到前头去了，剩下来的是医务人员和掩护部队。因为高山陡峭，伤员和病员都下了担架行走，旁边需要有人搀扶，这时候医务人员都会主动帮助，真的很辛苦。医务人员中的女同志们英勇得很，她们处处慰问和帮助伤员和病员，一点也不知道疲倦。回头向来路望去，那些小山顿时都成了“矮子”。行进好长一段路之后，我们听到密集的机关枪声，大概是在我们昨天出发的地方，第五军团正跟敌人开火。远远地还听见敌人飞机的叹息，大概是在叹息自己的命运：为什么不到抗日的战线上去显身手呢？

到了山顶，已经是下午两点多钟。我忽然想起，将来要在这里立个纪念碑，写上某年某月某日，红军北上抗日，路过此处。我长长地吐了一口气，坐在山顶上休息一会。回头看队伍，没有爬过山的只有几个人了。我们完成了任务，把一个坚强的意志灌输到整个纵队每个人心中，饥饿、疲劳甚至受伤的痛苦都被这个意志克服了，难翻的老山界被我们这样笨重的队伍战胜了。

下山十五里也是很倾斜的，我们一口气儿跑下去，跑得很快。路上有几处景致很漂亮，浓密的树林里，银子似的泉水流下山去，清得透底。在每条溪流的旁边，有很多战士们用脸盆、饭盒子、茶缸煮粥吃。我们虽然也很饿，但仍旧一鼓气儿跑下山去，一直到宿营地。

这回翻山使部队开始养成一种新的习惯：用脸盆、饭盒子、茶缸煮东西吃，这种习惯一直保持了很久。

老山界是我们长征中所过的第一座难走的山，但是在我们走过了金沙江、大渡河、雪山、草地以后，才觉得老山界的困难比起这些地方来，还是小得很。

（本文节选自《中国工农红军第一方面军长征记》）

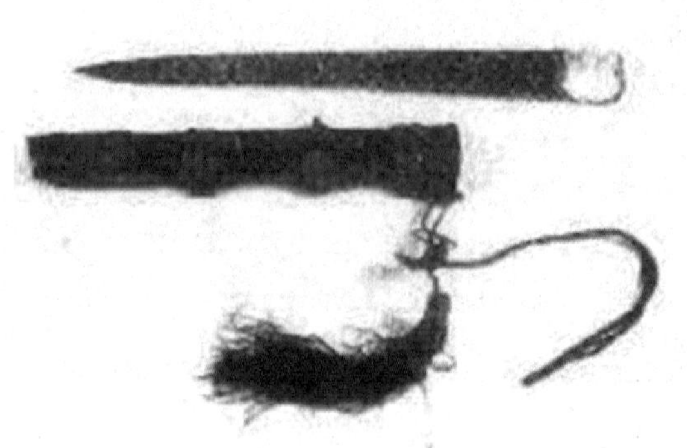

红军长征途中挖野菜用的小刀

听朱德在空中讲长征故事

口述/王进忠　整理/彭东海

开国元帅朱德

这一生中，我最自豪的是成为中华人民共和国的一名飞机师。我不仅为毛泽东主席开过专机，还执行过十大元帅、中央政治局七个常委的专机任务。

我曾为朱老总开过专机，当时几乎是开着飞机沿着当年长征的路线飞行了一次。朱老总喜欢同飞行员挤在驾驶舱里问长问短。

有一次，中央政治局在广州召开会议，我送四位政治局委员去广州。我们平安到达后，便像往常一样在那里待命，准备会议开完后立即返回北京。可当会议接近尾声的时候，我们领受了新的命令：送董老和朱老总，去朱老总的故乡——四川。

大家分头做地面准备。当我画好航线计算飞行时间时，领航员和副驾驶不约而同地来到我的面前。领航员晃了晃手中地图："你注意到没有？这条航线几乎是当年的长征路线。"

我仔细看了看铺在桌面上的地图，知道领航员并非夸大事实。这条航线途经红军二万五千里长征曾走过的许多重要地点。飞机要跨过广西、湖南交界，穿越整个贵州，再横飞大半个四川，最后降落在成都附近的双流机场。

朱老总的习惯有些特别。他总是喜欢同飞行人员挤在又窄又小的驾驶舱里，不愿意留在舒服宽敞的客舱。飞机常常还没有改平飞，他就抱了一个大枕头进来了，和大家一起拉家常、问寒问暖、问长问短，当然，也会问一些飞行员回答不了的问题。这就是领航员见航线与长征路线巧合而紧张的原因。因为年轻，他对长征的具体历史了解得不多。

长征是举世闻名的英雄壮举，在那

些经历过这场生死搏斗的前辈们心目中，到底留下了怎样不可磨灭的记忆？对于朱老总也是意义重大的，他会不会向我们提问些什么呢？

面对这样一条特殊航线，我们准备得格外细致，格外认真。三个人凑在一起，整整研究背诵了一天，恨不能把沿途一草一木都记下来。

飞机从广州的白云机场徐徐起飞，很快爬升到预计的飞行高度，由上升状态改为平飞状态。

“到了什么地方啦？”不用问，也无须回头，大家都知道是朱老总来驾驶舱了。最为敏感的是机械师，听到朱老总的话音如同接到了紧急命令，腾地从座位上站起来。

“朱老总，您这里坐！”老总也不推辞，很熟练地侧身进入机械师的位置，稳稳当当坐下来。机械师的座位在正副驾驶员之间，空间很小，只能勉强装一把活动的折叠椅，坐在上面并不舒服，尤其是身体肥胖的人更是挤得难受，可朱老总满不在乎，把一个枕头垫在屁股下面，幽默地对大家说：“我可是要搞点子特殊化，坐坐软席。你们没有意见吧？”朱老总这样说使人感觉他既轻松又自在。

“今天我们怎么个走法啊？”刚坐稳，朱老总便冲着我问飞行航线。凭多次坐飞机的经验不必问，他便知道我是执行这次任务的机长。我当然也明白“怎么个走法”即航线如何飞，就把地图铺在他两条并拢的大腿上，指点着上面航线通过的地点：“这里是广州的白云机场。起飞后我们经过这、这、这，最后到成都的双流机场降落。”我故意不说那些地点的名字，让朱老总自己去发现。

朱老总双手把地图从腿上拿起来：“什么这这那那的，这是什么地方，那又是什么地方嘛。”我同副驾驶对望着笑笑。朱老总看我们神秘兮兮的样子，回头喊一声：“拿我的眼镜来！”“空姐”应声返回客舱。

“这条河上面是不是标着‘乌江’两个字？”他把地图伸到我面前，指着上面一条弯弯曲曲代表河流的蓝色长线问。尽管朱老总戴着眼镜，但花花绿绿的地图上那细小的字仍使他看起来很费劲。“是的，就是乌江！”“真是乌江！”听到我肯定的回答后，朱老总的两只眼睛顿时显得格外明亮。

“乌江，乌江！它可是我们长征路上渡过的最艰险的一条河啊！唉，提起长征，不堪回首呀！那个时候才真叫苦呵，牺牲我们多少的好同志哟！损失太大、付出的代价太大了，这都是党内错误路线造成的罪过。博古、李德等人无理取消了毛主席对红军的指挥权，自己在那里瞎指挥，搞什么堡垒战、阵地战。那怎么行嘛！蒋介石调集了几十万人的军队包围了我们，跟他们硬打硬拼，不是拿鸡蛋往石头上撞吗？结果，为了保存革命的种子，我们不得不丢掉苏区进行大转移，最后进行长征！”

几十年过去了，朱老总回想起错误路线给红军造成的损失，回想起那些为革命献出宝贵生命的烈士，仍抑制不住满腔悲痛，仍难消心头怒火。为平静一下激动的情绪，朱老总扶了扶眼镜，又仔细地埋头察看地图。

长征在朱老总心里留下了无数或悲壮或美丽或辉煌的故事。

朱老总在地图上搜寻了一阵之后，发现了古城遵义。“你们看，遵义！我们

还正好飞过它的头顶呢！”无须看，我们也知道，但我还是装模作样地把头伸过去。

“你们知道吗？遵义这个城虽不大，可它却是个具有历史意义的地方。长征的时候，为了牵住蒋介石的牛鼻子，我们曾两次经过这里。第一次我们在城里住了些日子，开了几个晚上的重要会议，把瞎指挥的博古、李德批了一通，对他们的错误进行了清算。可气的是他们俩居然谁也不肯承认自己有错误。李德是第三国际派到中国的顾问。他一句中国话也不会讲，怎么可能把中国的事情搞好。在批评他的会议上，他叽里咕噜地用德语发言，除了翻译谁也不明白他在说些什么。看他的表情好像是在同谁吵架一样，非常生气，我们猜想他可能对批评不服。经过翻译，我们终于弄明白，他是在极力推脱责任，说他作为一个顾问，并没有领导权，中国的事情都是中国人自己搞糟的，他不负任何责任。但遵义会议最终结束了错误路线对党和军队的领导，总结了经验，重新确立了毛泽东主席的领导权。从此，长征节节胜利，直至最后的全国解放。”

这段历史我们都学习过，但朱老总给我们讲得既生动又具体，我们被深深地打动了，好像连风云也屏住了呼吸，静静的没有一丝儿气流。我打开自动驾驶仪，倾听朱老总满怀激情地讲述那段峥嵘岁月。朱老总的表情随着起伏的思绪时喜时忧，我们的情绪则跟随着朱老总的面部表情的变化时高时低。

娄山关位于遵义城西北，路途不足五十公里，也正好是飞机的所经之地。“蒋介石也看中了这个要道，企图利用这里险峻的地形，把红军截住在娄山关一带，彻底消灭。可是蒋介石得围着毛主席的指挥棒转。我们不仅没有被消灭，还补充了不少枪支弹药。娄山关一仗，敌人的两条腿没有赛过我们的两条腿。彭大将军率领三军团，比敌人快五分钟，首先抢占了娄山关主峰，结果以弱势兵力消灭强敌两个师及八个团！缴获枪支一千多条、子弹十万多发。这次胜利是长征路上的第一个大胜仗，彭大将军是有功的。红军上下士气高涨，受到很大的鼓舞，精神面貌发生了很大的变化。毛主席也受到鼓舞，专门为娄山关的胜利填了一首词：‘……雄关漫道真如铁，而今迈步从头越……’”

长征路上的一城一池、一村一镇，在朱老总的心里都留下了无数个或悲壮或美丽或辉煌的故事。

不知不觉中，我们便到了目的地双流机场。遵照朱老总的指示，我们需要休息两天，而他先回北京。朱老总返回北京时没轮到我去接，但是朱老总在飞机上跟我们讲的长征故事却让我终生难忘。

（本文选自《中国国防报》）

朝鲜战场的“基层”英雄

口述/赵鸿琳　整理/张良波

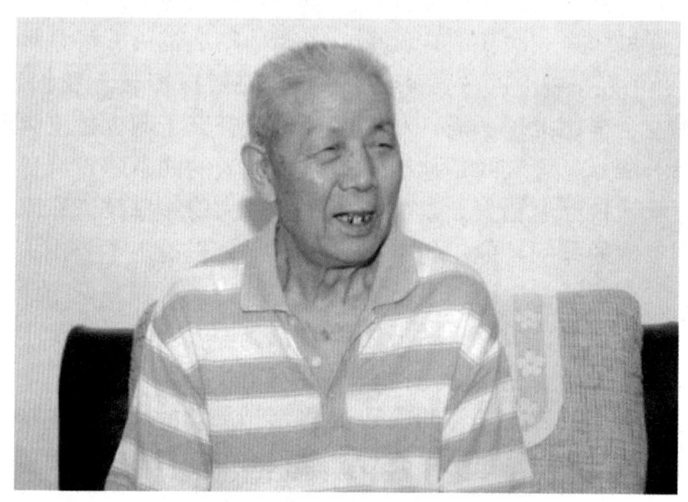

赵鸿琳

赵鸿琳，山东淄川人，1948年加入中国人民解放军，在解放战争中曾参加过著名的淮海战役和渡江战役。朝鲜战争爆发后，赵鸿琳又作为志愿军的一员入朝作战。在艰苦的战争环境中，他多次立功，从一名普通的战士成长为排长，并在执行任务中负伤致残，荣获朝鲜民主主义人民共和国荣誉勋章。

士气高昂　跑步跨江

抗美援朝战争打响后，我所在的第二十五军七十四师从驻防地福建省出发，踏上了开赴朝鲜前线的征程。但由于美国军队在台湾海峡多次挑衅，部队又奉命返回福建沿海进行驻守，应对可能发生的战事。1952年10月，部队再次接到了入朝作战的命令。我跟随大部队一起从泉州出发，一路上乘汽车、坐轮船、换火车，几经辗转，日夜兼程，终于在10月24日到达鸭绿江边。

10月25日下午，天空一片阴霾，但对于行军来说，这却是难得的好天气，因为这样可以避开敌机的轰炸，有利于队伍顺利行进。为了不延误时机，七十四师立即召开誓师大会，全体官兵士气高昂，高唱着“雄赳赳，气昂昂”的《志愿军军歌》，以四列纵队，跑步跨过了鸭绿江。

七十四师进入朝鲜参战时，敌我双方的战线已稳定在“三八线”附近，战势已经不像战争初期那么惨烈和艰苦。然而，危险随时可能降临，容不得有半

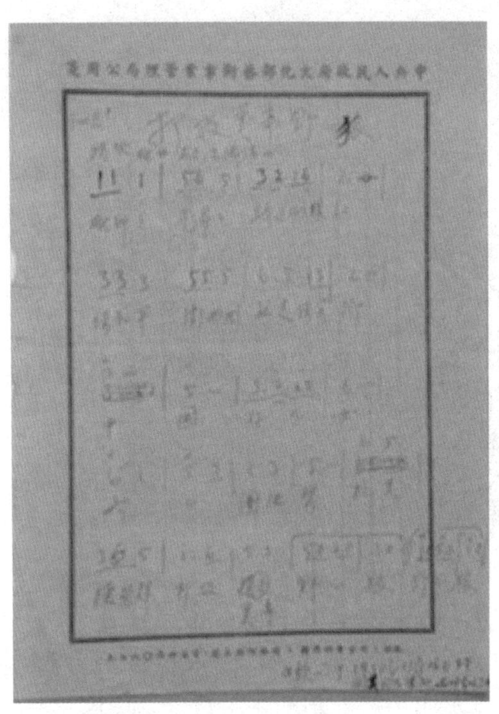

在中国人民革命军事博物馆《抗美援朝战争馆》内陈列着一份在“中央人民政府文化部艺术事业管理局共用笺”上用蓝色钢笔水书写的《中国人民志愿军战歌》的手稿

点松懈和掉以轻心，时时有战斗，处处是战场，与敌作战仍须斗智斗勇。为避开“联合国军”的空中轰炸，我们常常要夜间行军，只有瞅准一切时机强行军，才能以最快的速度，在最短的时间内奔赴驻防目的地。

然而，即使是夜间行军也不能放松对空袭的警惕。由于前方部队的装备给养大都靠从国内输送，汽车运输队便成为敌军夜间袭击的主要目标。为了减小损失，志愿军就靠土办法应对。每当遇到敌机来袭，行军的先头岗哨就依次向后行车队鸣枪报信，汽车运输队得到消息后，立即关掉车灯。在伸手不见五指的夜里，敌机常常成为无头苍蝇，无功而返。这个办法虽土，却十分有效，不仅使敌军竹篮打水一场空，还常常搞得他们一头雾水，推测我军的汽车安装了先进的雷达装备。

天亮后，敌机开始在空中盘旋搜寻，发出震耳的轰鸣。我们就赶紧找个山坡或土坎隐蔽起来，每到这时才有工夫“忙里偷闲”，挑一挑脚板上的血泡。此时，经过一夜长途跋涉，面对满目疮痍的土地，面临随时降临的空袭，找一个安稳的地方睡上一觉是一件极为奢侈的事。

伐木筑桥　危机四伏

我所在的七十四师直属队，实际上是师部的预备机动部队。根据战斗需要，担负着警卫、运输、修路、通信等多种任务。而我所属的工兵三连，更多的是承担伐木、架桥、修路、构筑掩体工事等任务。作为工兵，最大的威胁和危险是敌机的轰炸。因此，修复被炸毁的道路和桥梁，也不得不在夜间进行。常常是敌人白天把架好的桥炸了，我们就在夜里再重新架设。在敌人的狂轰滥炸中，战士们以勇敢、坚韧和智慧，保证着前方运输道路的畅通。

尽管不像在前线那样需要动刀动枪，但看似简单的修桥工作却危机四伏。我

志愿军战士在阵地上修筑工事

朝鲜战场上的中国人民志愿军

曾经在平壤以南一个叫平康的地方，修建过一座横跨河流的桥梁，这段经历记忆犹新。要修桥，首先需要木材。我们每人拿着一把斧头，一根绳子，到附近的山上去伐木。然后，借着陡峭的山势和厚厚的积雪，把伐好的原木从山上拖运到山下。伐木运木虽不复杂，但非常消耗体力，特别是把原木拖至河边，既费力气又危险，一不小心就会被原木砸伤，甚至牺牲。高强度的劳动之后，战士们往往又累又饿，我们班的九个人，每顿饭都要吃两大桶高粱米饭，每名战士没有五碗六碗不解饿。志愿军配发的大头皮靴，他们每人一个月要穿透三双。

木料运回来了，但新的难题又出现了，在国内学过的、用过的架桥技术在这里根本派不上用场。我们面前的那条河流，河床上全是岩石。如何在石头河床上打木头桥桩呢？这真是让战士们伤透了脑筋。功夫不负有心人，面对遍布河滩的碎石，战士们终于想出了以石头制服石头的办法：先用木栏把桥桩围住，再在木栏内填上石头，使桥桩牢牢地固定在碎石中，最后架上桥梁，铺设桥面。

时值寒冬，河中满是冰凌，河水刺骨，战士们只能咬紧牙关坚持。有一天晚上，我带领全班战士往桥桩上扛送木头，铺架桥面，黑暗中我一脚踩进了两根圆木中间，一条腿生生地被挤在里面，动弹不得。幸亏李树常等战友们及时帮我将腿拔了出来，这才保住了这条腿。

决战送弹　光荣负伤

1953 年 7 月 23 日，是令我终生难忘的日子，这天，我因在战斗中负伤而被迫离开前线，这天是《朝鲜停战协定》签订前的第四天。以美国为首的由十六个国家的军队组成的“联合国军”企图为停战谈判捞取更多的筹码，对中朝阵地实施进攻。中朝部队由此展开了对敌人的最后一次反击战。

那是发生在注字洞南山的一场战斗。我所在的排奉命向前沿阵地运送弹药。当时天阴沉沉、雾蒙蒙的，炮火硝烟和雾气弥漫在一起，笼罩着整个战场。仗

打得很凶，头上不断有炮弹飞过，地上不时有炮弹爆炸，可我心里根本没有害怕二字，战友们都想着跑在前头，完成任务，多消灭敌人，我也一样。运送弹药的路途虽然不算很远，但有山沟、山坡，十分崎岖坎坷，中间还要穿过一条公路，战士们几乎是一路来回奔跑着把弹药送上去。

我背起一箱弹药，又在肩上扛了一箱，奋力向前沿阵地跑去。当我越过山沟，正在穿过公路时，一颗炮弹忽然向我飞过来，在不远处爆炸开来，我被巨大的气浪掀翻在地。尘土落定之后，我一心只想着迅速爬起继续往前跑，可一抬身子，这才感觉右腿怎么也拖不动了，原来弹片打穿了我的右腿。当时我不知道自己的伤情有多严重，只想赶紧打开急救包包扎一下好继续前进，但发现自己已经站不起来了。后来，一位战友经过，为我进行紧急包扎后，把我背到一个山包后边，随后我被用担架送往战地医院。

7 月 27 日，我在病床上听到了停战协定签订的消息，激动不已。经过在战地医院的手术后，我先被转运至阳德，不久便被转送回祖国继续接受康复治疗。半年后，我的腿伤痊愈，带着这块永远无法消除却让我感到无上光荣的疤痕，我又回到了战友们中间。

转眼数十年过去了，当年朝鲜战场的硝烟，我至今难以忘却，战友们英勇顽强、同甘共苦的情形时常浮现在眼前。作为一个已是耄耋之年的老兵，我深深地怀念那段血与火的光荣岁月，深深地怀念长眠在异国他乡永远年轻的战友，深深地祝福伟大祖国永远和平安定。

（本文选自《齐鲁晚报》）

回忆父亲吴懋松本色人生

文/吴学鋐

追随李烈钧参加“护国运动”

1885年，父亲出生在九江府德化县（今九江市柴桑区）仁贵乡摇旗垅村一个穷苦家庭，童年时一边读书一边帮人放牛，断断续续读了四年私塾。十四岁那年，爷爷将他送到九江城的德隆和烟店当学徒，因对做生意不感兴趣，同时无法忍受店主打骂，三年后随亲戚到浙江投军，先后在浙江、安徽等地当兵。1905年，二十岁的父亲在安徽加入新军，随后被选送到安徽讲武堂学习培训了六个月。1911年11月，安庆光复后，李烈钧任安徽省都督，父亲自此开始追随李烈钧。

1913年，李烈钧在江西湖口起义，反对袁世凯的专制独裁，父亲奉李烈钧之命带领护卫军一营，在湖口孤山一带与袁军作战。“二次革命”失败后，李烈钧逃往日本，部队解散，父亲回到摇旗垅村。1915年12月，李烈钧与蔡锷在云南起义，反对袁世凯称帝，父亲前往云南再次追随李烈钧，参加“护国运动”，并担任护国军第四师八旅三十四团二营营长。

在两次追随李烈钧之间，父亲还曾有过一次牢狱之灾。当年父亲回到摇旗垅村后，时任九江镇守使的陈廷训，背叛李烈钧，投靠军阀李纯，并认为父亲是李烈钧的余党，于1914年2月将其拘捕入狱。狱中的严刑拷打和七副脚镣，都没有让他屈服。入狱两个月后，因昔日长官宋芳和蒋君羊出面保释，父亲回到家乡，以种田为生。

1920年3月，父亲来到上海，拜见了孙中山先生，向他汇报滇、桂两系争夺驻粤军领导权带来的战争败局及其经过，孙中山鼓励与安慰父亲，并嘱咐其在上海等待时机。同年8月，孙中山将父亲介绍给粤军总司令陈炯明，父亲来到广东，担任潮梅绥靖处主任副官。1922年，当时担任代理大元帅职务的李烈钧来到汕头视察工作，父亲向他讲述了自己的想法，表示“内战不息，不欲在军队生活”。后经李烈钧向汕头市长推荐，父亲担任汕头警察局局长。

1927年，蒋介石在南京成立国民政

府，父亲前往上海、南京等地谋事，好友张定璠、张治中劝他去见蒋介石，父亲表示不愿意。后来父亲回忆说："蒋介石这个人很滑头，我们经常意见不一致"。这也许是父亲不愿意求见蒋介石的原因。

退伍从政历任闽赣五县县长

1927年以后，父亲开始从政，先后担任九江警察局长，福建龙溪、江西永新、清江、铜鼓及修水县县长，任职期间，主张"培养民力、运用民力、珍惜民力，为民众作有益有效之施为"。

国民党统治时期，战争频繁，常有拉夫现象，国民党军队路过一地，见到身强力壮的老百姓就带走，父亲对此深恶痛绝。1929年至1931年，父亲在担任九江警察局局长期间，打听到国民党军队要从九江过境。第二天清早，他就来到城门口对那些上街卖菜或挑粪的农民打招呼："明天要过兵，就不要上街来，来了要抓丁，抓走了家里就没劳力了。"中华人民共和国成立后，九江的老百姓谈起父亲，总是赞许有加。父亲一生多次受挫赋闲在家，每次回到老家，他都毫无顾忌得像农民一样挑粪种地。中华人民共和国成立后，张治中曾评价他："他就是这么个人，一有事就回家种田。"

1938年3月，父亲接受时任湖南省主席张治中的任命，担任省政府高级参议。此时日军已攻占安庆，父亲回到九江接家眷准备返回，却被江西省主席熊式辉挽留，要他担任永新县长一职。原来永新县前任县长被杀害，没有人愿意接任。熊式辉为了说服父亲，许诺"我给你一个团"，父亲回答说："我去，一个人都不要，我不去，一个军都不行。"父亲上任后，把身上的枪交出来，只身赴会，开场白是"我不做贪官污吏，你莫为土豪劣绅"。在永新工作了三年，父亲一直以这句话为工作准则。他多次与土匪谈判，告诫他们："你们在家乡搞老百姓没有意义，有本事就去打日本人。"

劝服外甥维护九江治安迎接解放

表哥陈文彬从小便一直跟随在我父亲的身边，深受父亲的影响，后来到九江担任自卫团团长，此时已是到了九江解放前夕，六十多岁的父亲在修水任县长。因大学停课，二哥吴学铭从金华回到了九江。我也从浙江回到家中，在表哥陈文彬的自卫团做事，同时还在《江洲日报》做记者，思想越来越成熟进步。因为我有记者身份的外衣，有家庭背景，即使被国民党发现也不会立即被抓。因为我的特殊身份和积极追求进步的态度，不久就成为九江地下组织的发展对象。

1949 年 3 月，国民党江西省主政人员召开了最后一次行政会议，全省各县县长、市长都前往参会，会议目的就是应变形势，最后的总部署就是要求各地“各自为政”。会议结束后，国民党江西省主政人员从南昌迁到赣州，后来退到广州，最后有一部分人撤到了台湾。父亲在会后回到九江，全家聚在一起开家庭会议，聊当前的形势和眼下的计划。父亲的思想很明确，他还是要去修水，继续履职，遵从《约法八章》解放修水。除此之外，父亲还要求陈文彬也不要离开九江。父亲说，陈文彬的任务就是保护九江的治安，不要让地方土匪上街闹事。哥哥吴学铭记得那次家庭会议的严肃氛围，父亲表示陈文彬如果不听劝也可以离开，但离开之后他们之间的关系一刀两断，亲情亦不存在。从小跟随舅舅的陈文彬当即表示自己不会离开。

1949 年 4 月，九江地下组织在一名地下党员家中召开了一次迎接解放的会议，会议安排给哥哥吴学铭的任务是维护治安。接受任务后，哥哥利用亲情感化陈文彬，加上父亲吴懋松的劝说，陈文彬最后决定和平迎接九江解放。

邵式平发电嘉许吴懋松

1949 年 5 月，在九江、南昌相继解放后，渡江南下的解放军解放了赣北各县，进逼修水。国民党三四八师师长吴抚夷主张一战不胜则走，父亲主张和平解放。

哥哥吴学铭在九江解放后步行两天到达武宁，当时解放军部队已经南下，哥哥吴学铭到了武宁后立即与部队的首长联系，并与父亲通了电话。第二天，哥哥吴学铭到达修水，并与父亲会面，

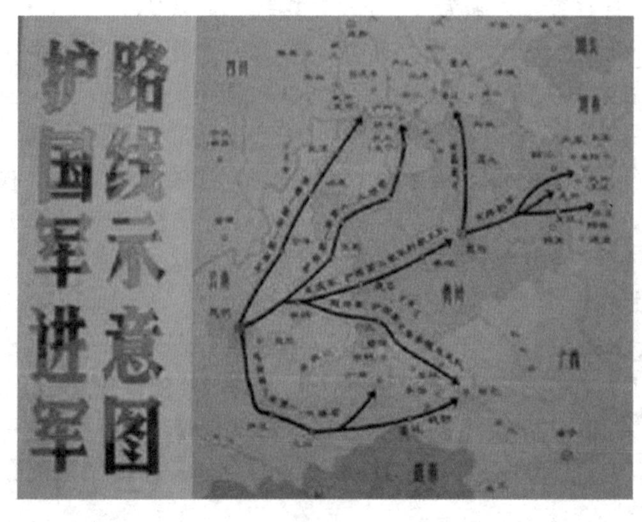

因为先期思想上都已经统一，大家就商议如何迎接解放军。

哥哥吴学铭在后来向家人回忆，那时他每天都保持与解放军部队通话，部队如何进入修水，在什么地方迎接都在电话中沟通好了，他把一些信息记录在一些烟盒上。不过，这些记载了很多历史过程的烟盒，后来因为哥哥的离世，也丢失了。

1949年6月16日，人民解放军四野四十三军一二九师三八六团不费一枪一炮和平解放了修水。1949年6月23日，人民解放军三八六团奉命调离修水继续向南进军。团政治处主任唐占印在走之前和父亲见了一面，要求父亲在南下接收干部到来之前“暂时维持，协助供应，支援前线”。父亲严格遵守人民解放军的《约法八章》，指示武装部门及时转移枪支弹药，并重组警察队维持社会治安，照常开工、开课、开市，组织县城米商成立粮食公营处，稳定粮价，一个月内筹粮二十七万余斤，有力地支援了驻军和过境部队的需要。

当了一个月的临时县长后，父亲电告省政府主席邵式平，请求接管。在接到电告后，省政府主席邵式平、副主席范式人和方志纯，给父亲发来电报，电文如下：

修水县吴懋松先生公鉴：

代电悉先生在该县人民秩序建立前维持秩序，有益地方并驰电请交，尚可嘉许。已派吴平县长前往接受，仰即切实办理移交手续，一切遵照约法八章为要。

特覆。

主席 邵式平

副主席 范式人 方志纯

1949年7月，吴平前往修水接管，父亲对家人说，他将修水县所有的档案交给了吴平。之后，父亲回老家，吴平用两条船亲自送他。在船上，突遇土匪，父亲站在船头喊话：“我是吴懋松，有什么事冲我来。”土匪一听父亲的声音，立即四散逃窜。中华人民共和国成立后，父亲历任九江市政协第四、五、六届副主席，民革九江市委第五、六、七届主委，1974年病逝。

（本文由中国红故事网供稿）

志博浩荡云天　赤胆忠心为民

文 / 符祥远　符祥遥　符祥辽

原中国人民解放军公安军四十七团政委符致东（1955 年 7 月）

我们的父亲符致东，1917 年 10 月出生在海南岛文昌县（今文昌市）南阳乡交东港村的一个贫苦农民家庭里。祖父只生父亲一子，父亲五岁丧母，祖父为了养家糊口，背井离乡，漂洋过海到马来西亚打拼。曾祖父带着年幼的父亲在家乡务农生活。因家境不景气，父亲八岁才入小学读书。第一次国内革命战争时期，父亲参加农村革命儿童少年队，大革命失败后为躲避国民党追捕，南下马来西亚。两年后，他返乡继续读书。父亲读书时成绩很好，因家庭经济拮据，小学毕业后便回乡与曾祖父一起务农，靠耕地、砍柴、烧炭维持生计，日子过得十分艰苦。

投身革命

1936 年，在文昌县第二区乐安初级小学任教师的表叔吴坤仁欲赴南洋谋生，为让父亲一家有口饭吃，其离职的空缺，力推父亲顶替。父亲十分珍惜来之不易的教师职位，教书认真，工作勤勉，做人本分厚道，渐渐地在家乡有了信誉和威望。

1937 年，父亲被雇请回南阳乡广益初级小学任校长。由此一来，父亲认识的人多了，交往的范围也广了，结识了

陈俊、李良、陈丕茂、黄韵谐等一批革命进步青年。与父亲关系最为密切的陈俊是同村的叔叔，陈俊是第一次国内革命战争时期的老党员，大革命失败后，曾被国民党逮捕入狱，受尽折磨，出狱后以教师身份为掩护，秘密从事党的地下工作。父亲与陈俊无所不谈，接触了进步的革命思想，认识到帝国主义、封建主义、官僚资本主义是旧社会的罪恶根源，只有共产党才能帮助穷人翻身解放，推翻黑暗的旧社会，拯救中国。从此，他走上了革命的道路。

第一次大革命失败后，南阳乡共产党基层组织全部被破坏。为了重建党的基层组织，陈俊和父亲历尽艰险，通过各种途径找到了共产党地下文昌县委的王月波和区委的陈志明同志，联系上了党组织。

1937年7月，父亲加入中国共产党，并根据中共文昌县、区委的指示，与陈俊等共产党员在南阳乡秘密成立了地下共产党支部，陈俊任党支部书记，父亲符致东任组织委员，符之深任宣传委员，陈建禄任联络员。

武装抗日

1937年7月7日，日本发动卢沟桥事变，抗日战争全面爆发。为抵抗侵略，国共两党组成抗日民族统一战线。

1939年2月10日，日军入侵海南岛。2月22日，文昌县城沦陷。日军所到之处，抢掠财物，奸淫妇女，屠杀人民。在生死存亡的危急关头，海南人民迫切地盼望共产党组织开展抗日武装斗争。中共海南岛特委命令，各乡党支部组织抗日游击队，打击日本侵略者。

当时南阳乡党支部已发展到十多人，为了扩大发展党的组织和武装力量，党支部决定，由父亲担任组建游击队的任务。父亲首先在热心抗战的进步青年中争取发展了李良、谭秀兰等人作为组织抗日游击队的骨干，然后与陈俊、李良等抗日骨干一起在南阳墟日当众动员青壮年积极报名参加抗日游击队。仅仅二十多天，南阳乡就有一百二十多名爱国热血青年踊跃报名，组成了南阳乡抗日游击中队。游击中队由李良任队长，父亲任指导员。当时南阳乡乡长王月轩将全乡的武器弹药和乡团丁掌握在手中。为了联合社会各种力量共同抗日，根据上级党委指示，南阳抗日游击中队名义上归王月轩的乡团领导，但共产党在游击队里秘密成立党支部，父亲任党支部书记，由党支部领导南阳乡游击中队抗日。

1939年4月中旬，数辆满载日军的汽车从文昌县城出动，进犯南阳乡。父亲、李良获得情报后，带领南阳乡游击队在文城通往南阳墟的公路上伏击日军，用枪扫射，用荔枝树干自制的土炮轰打日军车辆，打死日本兵二十多人，余下的日军失魂落魄逃回县城。南阳乡人民武装抗日第一仗告捷，极大地鼓舞了南阳乡人民抗日士气。

1939年5月30日，不甘失败的日军又集中了两百多兵力，从县城兵分两路再次入侵南阳乡。根据敌情的变化，南阳乡游击队组成几十个战斗小组，分别埋伏在敌人入侵南阳必经的各个山头路口，利用地形地物隐蔽，打击日军。日军在南阳乡处处被动挨打，一时又摸不清我方的情况，消耗了大批弹药，死伤无数。

日军占领南阳墟后，南阳乡游击队根据党的指示，采取敌驻我扰、敌疲我

海南抗日游击队战士

中国抗日部队开赴前线

打、敌退我进的灵活游击战术，与日军进行不屈不挠的斗争。游击队战斗小组在日军占据的南阳墟镇周围不分昼夜地扰袭日军，搅得日军寝食不安。为了保护乡亲们农业生产，父亲和李良还多次带领游击队员到日军占据的据点附近放哨，敌人一出动就打，保卫乡亲们农业耕作和粮食收割。

入侵南阳乡的日军在游击队的多方打击下，处处受挫。1939 年 8 月 30 日，占据南阳乡的日军被迫撤回文城，南阳乡抗日游击队取得了抗日斗争的初步胜利。南阳乡游击队被称为“铁军”在乡间传颂。

坚持斗争

1939 年 9 月 至 1940 年 5 月， 是 南阳共产党组织在游击队中得到健全和发展的时期。父亲在游击队中发展了中队长李良和一批中坚积极分子入党，并将追随王月轩“反共”乡团反动分子清除出南阳乡游击队，任用一批有志抗日的进步青年担任各队领导，共产党牢牢掌握着抗日游击队的指挥权。

1940 年下半年开始，海南的国民党消极抗日，实施“溶共、防共、限共、反共”的政策，破坏国共抗日民族统一战线，企图打击和改编抗日游击队。共产党领导的南阳乡抗日游击队，成为顽固派的眼中钉，肉中刺，欲除之而后快。1940 年 6 月，父亲带领驳壳枪班十余人到游击大队部请求补充战斗中损坏的枪支和消耗的弹药，拥护国民党的乡长王月轩布置亲信，在父亲返回的途中设下埋伏，企图枪杀父亲和驳壳枪班的战士。父亲得到群众报信，和战士们绕道而行，躲过了国民党的暗杀。

狡猾的王月轩又生一计。1940 年 6 月 17 日，他和国民党文昌县指挥部参谋长詹华鄂及一班随从，来到南阳乡金华村广益小学，假借慰问之名，在南阳游击队员前大放厥词，引诱威胁南阳乡游击队听从他们的调遣和改编，遭到父亲、李良和全体游击队员的拒绝。南阳游击队员在学校广场上群情激愤高喊：“枪是南阳人民的枪，我们是南阳乡人，人不离枪，枪不离乡，我们的人和枪要留下来保卫我们自己的家乡。”王月轩、詹华鄂带来的随从随即拔枪威胁，南阳乡游击队驳壳枪班战士立即围住王月轩、詹华鄂，双方剑拔弩张，王月轩、詹华鄂见状不妙，灰溜溜地离开南阳乡。

国民党企图瓦解改编南阳乡游击队的阴谋失败之后，无奈之下，又调来国民党保安六团的兵力镇压南阳乡游击队和人民。国民党的倒行逆施行为激起了南阳乡人民的极大愤慨，也使南阳乡人民进一步看清了国民党“假抗日、真反共、反人民”的真面目。在乡党支部的领导下，共产党员带领乡亲们与国民党展开针锋相对的斗争。父亲深入到南阳乡群众中，大力宣传我党“坚持抗战，反对投降，坚持团结，反对分裂，坚持进步，反对倒退”的政治主张，揭露日军和国民党屠杀人民的罪行，发动更多的南阳乡青年拿起枪杆子，加入共产党领导的南阳乡游击队。在乡亲们的信任、支持和拥护下，南阳游击队在国民党的镇压下不仅未被消灭，反而在斗争中日益发展壮大，南阳乡百分之九十的青年加入抗日斗争，南阳乡人民积极捐款、捐物、捐粮，支持抗战。南阳乡成为海南的抗日模范乡，成为引领各地发展“红区”村庄的一面抗日旗帜。

1940 年 12 月，抗日斗争深入发展。

为了加强各地抗日队伍的领导，集中优势兵力，打击和歼灭更多敌人有生力量。中共琼崖特委决定，将南阳乡抗日游击队改编为琼崖抗日独立总队第一支队第七中队（后改编为第二支队第七中队），李良任七中队队长，父亲任政治指导员。部队开拔前往改编驻地前，李良致辞，父亲和李良杀鸡带领全体队员喝鸡血酒，共同起誓:“我们不在同日生，但愿在同日死，死后愿做无头鬼，不愿活着当亡国奴，打倒日本帝国主义。”表达了共产党员决心抗日斗争到底，视死如归的革命精神。

1941年至1942年，父亲和李良领导的第七中队一度活跃在琼文交界方圆几十公里的乡村，开展迂回的抗日游击战，先后参加了四六坡、茫谷湖、老玉坡等大大小小无数次战斗。在老玉坡的一次战斗中，部队遭到国民党叶丹青部的进攻。支队派出两个中队迎击敌人，由于敌人的火力很猛，战斗打得非常激烈，从上午激战到下午，部队情况危急。父亲领导的第七中队积极请战，支队改派第七中队迎战。第七中队的全体指战员，歼敌如猛虎下山，个个打得勇猛顽强，很快击退了敌人。第七中队打硬仗打出了威风，在以后的数次战斗中，第七中队作为大部队的尖刀部队，冲锋杀敌在前，成为独立总队的模范中队。

1942年底，海南的日伪军向南阳抗日根据地发动了残酷的“蚕食”和“扫荡”，实行惨绝人寰的“三光”政策，轮番“围剿”、“扫荡”村庄，不少手无寸铁的百姓被日本兵打死、烧死、吊死、开胸、剖腹、挖眼。面对日军的血腥大屠杀和国民党的双重围剿和阻击，共产党和琼崖纵队没有屈服。抗日部队的对敌作战更加频繁和激烈，部队也因此常

1954年1月海南公安大队第三届文化教育会议代表合影（中排左四为公安大队政委符致东）

常陷入弹尽粮绝的困境，不少队员为抗日为国家为人民献出了宝贵的生命。在日益残酷和严峻的斗争面前，父亲和李良中队长等共产党员作为这支部队的领导核心，革命意志坚定，以不怕牺牲的革命精神，身先士卒始终坚持战斗在最前线。

父亲在自传中曾这样记述这一时期的艰苦岁月："在党的领导下斗争着，而我们的意志未因此动摇或被影响，仍是更热情地领导队伍进行斗争、学习、工作；没有一点的悲观、失望，始终抱着饱满的乐观主义，在敌人封锁下进行斗争，不分昼夜，通过敌人的层层封锁线进行群众工作、筹粮、动员青年参军，等等"。正是父亲和战友们的坚持和顽强战斗，巩固、发展了南阳乡的抗日革命根据地。

1946年，内战爆发，海南革命又面临一个艰难困苦的时期。1月，父亲所在的一个营和上级领导机关在儋县（儋州市）王五市遭到了国民党近千人的围攻。战斗中，由于敌我力量悬殊，为了掩护领导机关撤退，大队长和父亲负了重伤。父亲在部队的转移途中又患上疾病，全身水肿。为了配合主力部队开辟新的基地，同年12月，父亲不顾身上的伤痛和虚弱的身体，毅然接受了上级党组织派遣到白沙县民主政府任军事科长兼县大队政委的任务。在五指山区，父亲与战友们克服人地生疏、方言不同、时间紧任务重等重重困难，深入黎族村寨，广泛发动群众，消灭当地的国民党顽固势力，建立了新的人民民主政权。

解放战争时期，随着解放区不断扩大，我党我军对国民党的战局发生变化。琼崖纵队在对敌战斗中势如破竹，取得节节胜利。根据革命形势的变化和工作的需要，1947年5月父亲调到琼崖纵队司令部担任党支部书记兼机关指导员，同年11月任琼崖纵队政治部组织科长。1949年6月任琼崖纵队政治部党务科长。父亲和他的战友们以坚定的革命信念，为了穷苦人民的翻身解放，为了中华人民共和国的诞生，进行了长期艰苦卓绝的斗争，用鲜血和生命谱写了一曲曲海南革命二十三年红旗不倒的壮丽篇章。1950年春天来临的时候，海南岛终于迎来了解放的曙光。

"往事越千年，魏武挥鞭，东临碣石有遗篇。萧瑟秋风今又是，换了人间"。每当我们读着毛主席的《浪淘沙·北戴河》中的著名词句时，缅怀父亲在战火纷飞年代英勇斗争的往事，我们不会忘记南阳乡人民的艰苦革命斗争历程，永远铭记那些在对敌斗争中为了国家英勇献身的英烈们。我们要坚定不移地接过父辈的旗帜，走他们没有走完的路，迎接更加美好的未来。

谨以此文纪念我们敬爱的父亲。

（本文选自《琼崖红色记忆》）

红军医生孙仪之

文/王　忱

红军医生孙仪之

孙仪之（1906—1986 年），安徽六安（今属六安市）人。1936 年 8 月加入中国共产党。历任中国人民抗日军政大学校务部卫生处处长、军委卫生部主任，卫生部副部长，第四野战军卫生部部长，中南军政委员会卫生部部长兼中南军区卫生部部长，中国人民解放军总后勤部卫生部部长等职。1955 年被授予少将军衔，曾获二级八一勋章、一级独立自由勋章、一级解放勋章。是中国人民政治协商会议第五届全国委员会委员。

一

孙仪之，1906 年生，安徽省六安市人，家庭条件尚可。但因为他的父亲做生意失败后再无音信，因此一家人过得很艰难。孙仪之上的是教会学校，后与六安一名医的女儿结婚，并得到大嫂的帮助，读完了中学，成为中药店学徒，并在教会医院深造。孙仪之从青岛医专毕业后，经一个在国民党军队中当军需官的表兄介绍，参加了国民党军队，在陈诚部的第十八军五十二师六团卫生队当少校队长。

1933年2月，蒋介石对中央苏区发动第四次“围剿”，孙仪之所在的第五十二师被红军歼灭，孙仪之也被俘了。

孙仪之之前听长官说红军很残酷，就谎称自己是文书，想蒙混过关，但很快就被指认是个少校医官，两个红军战士立即把他押走，他觉得自己要被枪毙了，可随后却受到热情的接待。军委总卫生部部长贺诚还接见了孙仪之等几位被俘的医官，欢迎他们参加红军。

于是孙仪之就这样当上了红军，成了红军卫生学校的一名教病理和内科的教员。不教课的时候，还要兼顾医学期刊《红色卫生》的编辑工作，当时他非常受优待，每月发六十元津贴。

不仅要兼职，而且还要劳动。孙仪之回忆道：“学校教育与劳动相结合，每星期六有义务劳动，去帮红军家属种田、打柴、挑水，学校里也有副业劳动生产，一切校内劳动都是学生自己干，以劳动为光荣，反对偷安落后，反对消极怠工。”

二

长征开始后，红军卫生学校的教员们都被分配到部队里当医生，孙仪之被分配到第二干部休养连，这个连的连长是侯政，指导员是李坚真，支部书记是董必武，年纪大的老同志和女同志、伤病员们大多在这个连。

为了减少掉队，董必武让孙仪之每天宿营时到各班去检查，看看第二天有多少能走的，有多少不能走需要担架抬着的。

长征部队翻过了夹金山之后，就开始面临着缺粮的严重威胁，孙仪之腿部溃疡，和生病的张云逸在一起，总没吃的，让两人非常郁闷。有天张云逸叫警卫员去找总供给部长林伯渠要点吃的，结果林伯渠说：“现在供给部没有什么供给的。”于是，警卫员又去找保卫局长邓发，邓发咬咬牙，给了两人一碗青稞面，孙仪之和张云逸如获至宝，他们将青稞面弄成糊糊，勉强吃了两顿。

红一、红四方面军会师之后，卫生学校复课了，孙仪之又回到学校当教员。当了教员之后，孙仪之依然饿得头昏眼花，有天他实在饿得受不了了，就去找四方面军的招待所，结果看到几个同志坐在大树下烤火。孙仪之问道：“是招待所吗？”

“是招待所，但没有招待。”四方面军的同志打着趣。孙仪之看到所谓的招待所，就是十几个用树枝搭的棚子。一进去，发现里面很多都是牺牲的战友，孙仪之无奈之下只好去地里刨野葱和野韭菜吃，结果发现地里什么都没有，连草都被吃光了。

后来到马尔康，孙仪之遇到了卫校的学员谭道仙，谭道仙这个时候已经当了医务科长，看到自己的老师饿得头昏眼花，就拿出自己的干粮袋，倒了些青稞和豌豆煮糊糊，孙仪之等几个人又有了饭吃。

不久，总卫生部与红四方面军卫生部合编，孙仪之当了教务主任，要教五六十名学生，但依然吃不饱，后来卫生部杀了一匹马，孙仪之得到了三两马肉如获至宝。他打趣地说：“这马肉烧熟了就像个煤球啊。”

长征路上，孙仪之所回想最多的细节，就是没有吃的，他后来常教育后辈说：“不管好不好吃，只要有，总比挨饿好，人只有享不了的福，没有吃不了的苦，只要有坚强的斗争意志，没有克

1948年5月，孙仪之前往吉林洮南，与第十五后方医院的医护人员们纪念国际护士节

1954年3月，孙仪之（左三）在朝鲜检查中国人民志愿军的卫生救护工作

1939年，抗大一分校全体同志于晋东南合影，三排左六为孙仪之

服不了的困难，人幸福了，也不应忘了过去。”

长征部队到贵州之后需要轻装行动，因此卫校的许多书籍和设备都被扔下了。孙仪之成了一个没有教材和讲义的教员，可教课不能停止。于是他就凭着记忆教学，还把没收来的纸用来印刷新讲义。

三

到达陕北后，孙仪之先后任卫校副校长，抗大卫生处处长，军委卫生部副卫生主任、主任、部长。

当时卫生部下属的王家坪医院、拐峁休养所、甘谷驿医院、甘泉医院、庆阳医院，业务相当繁忙。孙仪之经过详细调研，写成《卫生法规》，经党委讨论修改通过，这个法规对卫生业务建设起了不小的作用。

1938年6月，卫生部出纳员谢向晃的钱箱子夜间被盗，天明之后才发现，于是卫生部派人四处查找，最后在后山发现了被打开的钱箱，其中一千两百元公款被盗走了。

听到这个消息后，孙仪之和政委易秀湘将此事向滕代远汇报。滕代远听了之后说：“国民党每月只给我们发五十二万元经费，我们要前后方各半分用，后方党中央机关、学校、边区政府、留守兵团、驻西安、武汉等办事处以及一切对外活动一共才二十六万元，这下子丢了一千两百元，这是个大损失啊！”

孙仪之和易秀湘意识到问题的严重性，不禁想到了出纳谢向晃，为了保护他，他们说：“出纳员是红军老同志，对党忠诚老实，一条腿残废了，他住的破窑洞门是用树枝编的，没有给他装好门，是我们领导的过失。”

最终，滕代远把这件事向毛泽东汇报了，给予孙仪之和易秀湘记大过一次，而谢向晃没有受到处分。

出纳的房间没有装门，足以反映当时的延安社会非常安定，夜不闭户是名不虚传。而领导主动把过失揽到自己的头上而不是推卸给下属，也正说明延安时期的党风是正直而实事求是的。

四

在延安期间，孙仪之主要负责接待来自国统区以及外国的友人及医疗机构人员。这期间，他见到了白求恩大夫，深深地被白求恩工作作风所感动。白求恩虽然年纪大了，但总是一再要求到前线去，孙仪之怕他身体吃不消，就不让他去。在白求恩的坚持下，党中央批准了他上前线的请求

后来，白求恩牺牲在了晋察冀抗日前线，在中华人民共和国成立后担任解放军总后勤部卫生部部长的孙仪之还多次撰文怀念他，并号召医务工作者向白求恩学习。他在视察医院的时候说：“要把白求恩同志的相片和毛主席纪念白求恩的文章，在卫生部门中广为印发、张贴，以使卫生人员经常以白求恩的精神自勉。”

后来，孙仪之也到前线去，组建野战卫生部。1938年10月，孙仪之率少数干部以及一个兵站医院，穿过封锁线到达八路军总部。

敌后游击战是艰苦而残酷的，孙仪之的医院很快变成了“游击医院”“马背医院”甚至“地下医院”。因为敌人有时来势凶猛，就只能把卫生部的药品和设备埋起来，等敌人走了再挖出来。由于敌人的“扫荡”非常频繁，中央决定精兵简政，将一二九师的卫生部与八路军总卫生部合并为八路军卫生部，孙仪之

担任卫生部政委。后来中央让孙仪之回延安上党校，由于敌人封锁，孙仪之等人在路上走了一年多才回到陕北。

五

抗战胜利后，孙仪之随张秀山率领的干部团向东北挺进。孙仪之担任了东北民主联军卫生部部长，他不仅尽一切可能接收医院设备，而且也尽量留用医院人员。当时许多医生、专家、护士、药剂师是日本人，本来在遣送回国之列，但是孙仪之向东北局领导汇报，希望留用这些人，结果得到批准。

在共同工作和生活中，这些医务人员与解放军的思想越来越接近了，他们意识到中国人民的解放事业是正义的，许多人在作战中英勇争先，甚至加入了中国共产党。

在东北解放战场上，最低气温可达－20℃～－35℃，为了避免敌人的飞机侦察和袭击，部队多选择夜间行军作战。这样一来，最严重的问题莫过于冻伤，有部队曾发生一个晚上多人冻伤的情况。对此孙仪之非常痛惜，他总结道：“冻坏了战士再收兵的办法，不仅军事上失利，也给卫生工作带来很大的问题，使很多人冻伤残废。”

对此，孙仪之和同志们一起，加强部队的防冻教育，如冬天在室外不能总是休息不动，冻伤后用酒或辣椒擦抹患处，或用桑寄生叶熬水浸泡，已经破溃的就用冻伤霜。这样一来，冻伤的人就大为减少。细心的孙仪之还不断观察伤员，发现伤员出血后体温降低也容易冻伤，于是他就提倡抬担架的人抬到身体发热出汗后，把自己身上的衣服给被抬的伤员盖上。

六

1948年，东北野战军成立，孙仪之历任东北野战军卫生部部长、第四野战军卫生部部长、中南军区卫生部部长。其间经历了不少恶仗，医生的工作往往最忙也最苦。在1947年夏的四平攻坚战中，部队屡攻不克，大量伤员被抬了下来。有些轻伤员表现不好，他们不仅抢先上汽车、上担架、先占铺，而且到了后方医院也要先吃饭、先治疗，而许多不能走动的重伤员只能躺在走廊里。对此有个轻伤的青年战士看不下去了，他拿着枪到卫生部来找孙仪之，将枪口对准了孙仪之，愤怒地说：“你是卫生部长吗？重伤员睡在走廊没人管，你是干什么的？我打你一枪，看你疼不疼！”

孙仪之理解这名战士，也深深负疚于自己和医务工作者工作的疏漏，他温和地说：“我们是在同国民党打仗，你要是国民党的兵，那你就打吧！如果你是共产党的兵，我们都是同志，你考虑打不打？”

看到战士的情绪有所缓和，孙仪之诚恳地道歉道：“我们工作没有做好，对不起重伤员，心里很难过，我们正要抓紧解决。”

后来，战士将枪放下，坐下听孙仪之介绍救护的情况，两个人都做了自我批评，战士把子弹退了出来，枪也交了，孙仪之和他一起吃饭，还不断夸他是个好战士。

后来，孙仪之在总结中要求各部队必须创造一切条件争取就地治疗伤员，绝对不能不分轻重地将伤员一起后送到后方医院。

辽沈战役是东北解放战场上最大的一仗，此战东北野战军死亡率低，伤员的存活率和归队率高，创造了战争史上的奇迹。

七

中华人民共和国成立后，孙仪之先后担任中南军区后勤部副部长兼卫生部部长、中南军政委员会卫生部部长、军委卫生部副部长、总后卫生部部长等职，1955年被授予少将军衔。

孙仪之担任着重要的职务，但是他一直秉承着战争年代艰苦奋斗和实事求是的作风，到基层去，到群众中去，研究问题，解决问题。

孙仪之协助贺诚开展爱国卫生运动，响应毛主席的号召，积极投身到除害灭病运动中去。1960年，他还对医院工作中存在的医疗事故进行了一次全面而深入的调查，调查的结果使他百感交集，面对一些触目惊心的医疗事故，他的心情是沉重的，他通过冷静的思考，得出了这样的结论："90%以上是责任事故，是由于医务人员缺乏救治责任心，不按规章制度和操作规程办事而发生的，并不是技术水平低，而是思想作风不对。"

这种思想作风，孙仪之早就觉察到了，并且早在1958年10月就在广州军区部队卫生工作现场会议上斥责道："有的强调个人前途，放弃工作；有的医大毕业生不愿在部队工作，而愿到大医院去提高自己的技术；有的人工作不好好干，专门找材料，看书写论文，希图著书立说，为个人成名成家找阶梯；有的为了提高技术，拿病人做试验，开刀练本事……"

而在更早的1958年6月，孙仪之就在北京地区医院工作现场会议上给出了一个治思想作风的药方："红、专在病房，以病房为家，要红要专必须深入实际，从实际中锻炼提高，不要只看书、开会。医院好不好，不在于形式，主要在于工作质量。"

面对着医院中出现的种种问题，孙仪之对其中做得最差的，往往从院领导身上开刀，调整他们的工作岗位，把富有责任心的领导换上去。他还时时刻刻地教育医务人员，让他们多学习毛泽东思想和白求恩事迹，让每个人都能有一颗高尚的革命人道主义之心。他还要求相关各级的领导要时时抓，不能放松一点制度建设方面出现的小问题。

他经常说："红军精神和白求恩精神是我们社会主义祖国医务工作的传家宝，丢不得。"

在孙仪之和所有同志的努力下，医院的面貌有了很大的改观。

孙仪之读书

中共特科传奇人物刘乐扬

文/张生力

刘乐扬（1914—1995年），出生于井冈山下炎帝纪念地酃县（今炎陵县）。1934年，他在湖南省立第一师范读书时，被中共中央特科湖南工作站吸收为地下党员。从此，他先后化名刘少慕、张兆麟、张维、孟南、刘易等，转战于湖南、广西、湖北、安徽、昆明、重庆、香港等地，打入国民党军政界、新闻界、教育界以至“中统”和帮会中，大力开展情报活动和统战工作。

二十世纪三四十年代，他曾四入敌牢，六遭追捕，一遇车祸，历尽了难以承受的坎坎坷坷。中华人民共和国成立后，他致力于统战工作。1995年4月2日病逝，终年八十一岁。

刘乐扬的一生充满传奇经历，这里记述的是其中的一部分。

打入“新国民党”及“中统”

“新国民党”是广东失意政客胡汉民的秘密反蒋组织，主要成员是一些不当权的政客和国民党员，也有少数反蒋的知识分子和中下级官员。这个组织受到湖南省主席何键的庇护，在湖南三十几个县里都有其成员。中共特科湖南工作站指示刘乐扬打入这个组织，进行反蒋的统战活动。他经过一师同学刘熙育的介绍，加入新国民党，结识了该党负责人鲁兆庆和焦达仁。鲁兆庆是何键的亲信，担任省政府审计处处长。焦达仁是辛亥革命时期湖南都督焦达峰之弟，在红帮“楚荆山”中担任“大龙头”，主管情报及交通联络工作。他们的消息来源很广，侧重于反蒋的政治和军事情况。

刘乐扬除了搜集这方面的情报外，还利用蒋介石、胡汉民两派的对立，尽力扩大国民党中央与地方的矛盾。如把一些似是而非的传单贴到两派头目的公馆附近，或通过新国民党记者谭仪正把一些查无实据的消息传给小报等，让两

派互相攻击。

一师学生王才英是南京中统的特务，有一次他化名“奴隶”写信给刘乐扬，称刘为“革命的同志”，要同刘乐扬讨论一些“革命的问题”。见面时，王才英拿些进步的书刊给刘乐扬看，提议组织什么“读书会”。刘乐扬把这些情况告诉特科负责人刘道衡。刘道衡说：“这个学生是用‘红旗手段’来套你的政治立场，对付的办法就是要装得同他一样。”于是，刘乐扬就学阿Q式的革命姿态，获得了王才英的信任。王才英在一师毕业后，中统调他到南京受训，然后派往福建担任情报站负责人。

1935年夏，王才英回湘结婚，见刘乐扬“失业”后一副狼狈相，便对刘乐扬说：“你现在很困难，我介绍你参加我们的工作，你考虑一下再答复我。”刘乐扬即向组织上汇报这一情况，刘道衡马上批准他打入中统。1935年8月，王才英拿来一份表格给刘乐扬，要他填好后直接寄到南京国民党中央调查统计局。从此，刘乐扬即以“特约通信员”身份，同中统负责人冷素白（徐恩曾的化名）通信联系。南京的通信机关有种种化名，如“大公通讯社”“中华儿童教育社”等。刘乐扬把新国民党的一些材料，取其非要害的内容，再掺上点假，编成通讯稿，发给南京中统。同时又通过另一渠道，告诉何键等人，说有人把你们的情况报到南京了。这就是刘乐扬经常采用的利用和扩大两派矛盾的办法。

当时，蒋介石想借红军之手来削弱何键的实力，使蒋、何矛盾不断加深，何键也就不再热衷于“剿共”了。1934年冬，长征红军途经湘南、湘西时，何键只派部队在红军后面“送行”了事。刘乐扬获知蒋介石的军事部署后，及时通知红军绕道过境，没有在湖南境内打硬仗。

1935年冬，何键派出200多人伪装红军，到醴陵、萍乡一带活动，然后又派一营人去“围剿”。假红军一哄而散，何键即向南京报功，说已消灭红军一个营，还在报上大肆宣传。刘乐扬知道这个消息是假的，便写了一篇关于何键“假剿共”的内容的通讯稿寄给南京中统。蒋介石来电追查，何键回电说“有民众可以作证”，不承认他玩了把戏。何键回过头来就追查这一消息的来源，开始怀疑刘乐扬。

发起响应“一二·九”运动

胡汉民的新国民党从1935年起，开始注意青年工作，成立了一个“青年运动委员会”，在长沙各校发展党员，以“反蒋抗日”相号召。刘乐扬打入新国民党后，深得青年运动委员会负责人傅益彰的信任，刘乐扬就借此机会吸收梁宜苏（原名为梁铁素，其父是新国民党员，曾在桂系李济深部当过少将参议）、王德恒（湖大学生，毛泽东表兄王季范之子）、刘禄全（湖大学生）等为青运会成员。

刘乐扬还根据傅益彰交给他的党员名单，经常到湖大、一中和文艺、广益、衡湘、兑泽等校找人联系，收集一些政治情报。由于工作任务繁重，刘乐扬建议特科加强组织领导。1935年10月，刘道衡同意成立党内“青年运动党团”，专门指导新国民党青运会的工作，指定刘乐扬、赵君实、梁宜苏为党团成员，赵君实为书记。

1935年12月，北平爆发一二·九抗日救亡运动，刘乐扬在党团碰头会

一二·九运动

一二·九运动中为学生游行示威时，奋起抢夺反动军警的水龙

中共特科传奇人物刘乐扬

上提议，立即发动长沙各校学生响应一二・九运动，举行游行示威。刘道衡批准刘乐扬的建议，党团会议遂决定三条：一是由刘乐扬起草一个宣言，拟定几条口号和传单，并负责印刷。二是发动各校选出班代表，成立全市班代表联席会议，取代官方控制的长沙市学生自治联合会。三是分工负责发动各校（刘乐扬负责发动青运会所属的大、中学学生）。

12月16日晚，刘乐扬用“反帝大同盟”的名义，印好了他起草的2000多份宣言，17日晨即送到各校。一师学生自治会是被复兴社分子陈大勋掌握的，此人平时主张抗日，刘乐扬即利用一师老校友的身份，动员陈赞同游行示威。

12月18日，各校学生代表举行联席会议，决定20日上午8时在教育会坪举行大会，会后游行示威。教育厅厅长朱经农向学生代表训话说：“你们一游行，湘江河里的日本军舰就会开炮，屠杀民众，造成惨案。”朱经农命令各校校长严加约束学生的行动，但是大多数校长并未执行该命令。

12月19日，刘乐扬、梁宜苏、罗祖思、王靖民等分头到各校串联，巩固各校学生参加游行的决心。20日上午8时，刘乐扬等赶到教育会坪，将传单发给围观大会的市民。大会由一中学生代表张盈、一师学生代表陈大勋主持，会后即游行示威。二女中当局封锁大门，但学生听到游行队伍的口号声，集体冲出大门，参加了游行队伍。福湘女中是教会学校，平日校规森严，当天清晨即锁了大门，训育婆婆守在门口，但进步学生带领大家从厕所便门溜出去，赶上了游行队伍。这天游行的秩序良好，何键未派警察、特务出来破坏，这也表明特科统战工作的效力。

两进牢房以智取胜

这次游行示威之后，进步作家郑家弘把他编辑的《展望》旬刊交由刘乐扬发稿，刘乐扬就把它由文艺副刊改为讨论爱国运动的刊物。新国民党上层人物对刘乐扬相当信任，拨给他大洋共三百元，要他以“尚志学会”的名义创办《更生》旬刊。

1936年春，他在《更生》旬刊创刊词《更生之路》中指出：“造成民族解放的统一联合战线，是当前迫切的要求。”又在《奋励的呼吁》一文中“要求停止一切内战的自杀政策，以便全力抵抗掠求无已的民族敌人”。这两篇文章都指出了中共的热切期望。

刘乐扬经常用新闻记者的名义，同各方面打交道，进一步受到何键等人的怀疑，从1936年3月下旬开始派特务对他盯梢。好在盯梢的“特务”中有中共特科成员周寿彭，及时掌握了盯梢的情况，向组织上做了汇报。特科即派赵君实对刘乐扬说："组织上考虑到你的安全，想征求你的意见是否马上转移？如不转移，随时可能被捕。被捕后，有两种可能：一种是只要你能坚持不暴露，组织上就可以设法营救你，力量和条件是有的；加之你有中统、红帮、新国民党三块牌子，而又隐蔽得很深，估计没有什么证据落在敌人手里。另有一种可能，敌人严刑逼供，按照何键的政策，宁可错杀三千，不可放过一人，即使不杀，也会长期关押起来。所以组织上要听你的意见，你完全可以自己做决定。"刘乐扬当即表示愿意留在长沙，不转移出去。

于是，赵君实、梁宜苏就把刘乐扬的所有书刊全部带走，消灭一切可疑的证据，只留下刘乐扬发给南京中统信函的复写底稿。同时，梁宜苏借了一套西装给刘乐扬，刘乐扬还向田茹借来一件长袍，梳妆打扮起来。一天到晚，他或与新国民党的人混在一起，或与报社的痞子记者坐茶馆、上戏院。何键的特务忙于跟着刘乐扬转来转去，有点不耐烦了。

1936 年 5 月 2 日，两个便衣特务搜查刘乐扬的住处，带走了他给南京中统通信的四十多份复写材料，并将他关进省警察局看守所。特务审刘乐扬两次，刘乐扬说是南京中统的特约通信员，跟他联系的冷素白就是中统局长徐恩曾。审问人说："你找个铺保来，暂时保你出去，我们再向南京调查。你不能离开长沙，必须随传随到。"于是，刘乐扬就找新国民党谭仪正家的旅社作铺保，只被关了一个星期就出狱了。

刘乐扬获释后，立即将被捕的情况报告南京中统，冷素白回了一封信，大打官腔，指责他："不应该在中央与地方之间挑拨是非，引起纠纷。此次被捕，咎由自取，应该反省改正。"刘乐扬认为这封信可以作为盾牌，就把它带在身上。

1936 年 5 月下旬，担保刘乐扬出狱的谭仪正告知他，军法处要他去谈话。刘乐扬去后，两个便衣特务就给他戴上手铐，关进保安司令部军法处一间秘密牢房万寿宫里。此宫的前殿摆着几十副装有死人的棺材，后殿供奉着万寿帝君的塑像。特务们在阴森森的后殿摆上一些刑具，点上半明半暗的蜡烛，营造出恐怖的气氛。

军法处处长胡念僧首次审问刘乐扬时说："南京中央调查统计局不承认你是他们的人，你是另有背景，必须老实招供。"刘乐扬便从身上掏出中统给他的信说："这封信总不是我造假的吧，这就是南京的证明和承认。"胡念僧说："南京承认你，并不信任你。干脆对你说，南京是怀疑你的。省党部调查统计室负责人陈杏庄、韩中石都知道你参加了南京中统，一直在监视你。你这次被捕，他们是知道的。你有前科，第一次是在民国十七年（1928 年），第二次是在民国二十二年（1933 年），你还有什么可说的？"刘乐扬说："那算什么前科，一次是别人陷害，一次是一师校长贪功图赏，两次都是清清白白地出来的，什么证据也没有。"胡念僧又问："那你为什么要攻击何主席？"刘乐扬说："湖南有些情况，南京要调查清楚，我就写了通信，如有不对，你们应该质问南京。"胡念僧又问："那你为什么参加新国民党？"刘乐扬说："这也是为了替南京工作。新国民党的情况，你们也向南京报告过。"

最后一次审问时，胡念僧又采取软

攻的办法，劝刘乐扬同他们合作，保证他出去后最少可以当个少校，从事文职最少可以当个高级科长。还说："你家里很穷，令堂守寡，令弟没有成年，全靠你撑持门面。如果同我们合作，我们言而有信，不会像南京那样对你不负责任。"刘乐扬立即站起来愤慨地表态："将近十年来，我受尽了折磨，可惜我没有本钱来做你们的官，也没有任何别的组织背景可说。"

这次审问结束后，刘乐扬的保姆送衣服到牢房，小声告诉他："胖子大哥（赵君实）叫你直接写信给何主席申辩，承认你向南京写的那些信不妥当，希望他宽大谅解。"于是刘乐扬就给何键写了一封长信，大意是说：自从向南京中统通信以来，由于对传闻情况究察不深，有些报道不实之词，乖谬固大，用心无他。希本爱护青年之心，从宽释放。信中还说："不幸家贫母老，子职有亏。报国无门，遂致感情越激，实亦修养不力。"何键看了这封信，在"家贫母老"等句旁打了圈圈，交给保安司令部。刘道衡知道了这些情况，立即动员民政厅长曹伯闻营救刘乐扬。

7月中旬的一天，曹伯闻在家里宴请保安处处长刘膺古、军法处处长胡念僧及其特务机关的几个头目。曹伯闻在闲谈中轻描淡写地说："听说你们捉了一个青年，审来审去，没有审出什么名堂。他还写信给何主席，芸公说他是个孝子。说起此人，还与我有点渊源，他在师范学校毕业后，到处求职，忘记了是谁推荐给我，我就派他到水上警察局工作。后来局长换人，这个小职员也就被免职了。这事好像与我有点牵连，是不是要我担保一下？"在座的刘道衡也对信佛的胡念僧说："救人一命，胜造七级浮屠。"第二天上午，刘膺古把刘乐扬叫到保安司令部，释放前还交代说："你不能再给南京发通讯稿，再搞我们就不客气了。"

刘乐扬出狱后，径直奔到刘道衡家里，刘道衡说："何键已向蒋介石屈服，你给南京中统的通讯稿不起作用了。你要告诉南京，说湖南不许你再干，向中统提出辞职。此外，反蒋的胡汉民已死，'南天王'陈济棠也已下野到香港，你可以同新国民党断绝关系，转向新闻界和桂系，致力于统战工作和情报活动。"

两次逃脱特务追捕

1936年7月下旬，刘乐扬开始给《三楚报》《前锋报》《晨报》写稿，担任这三家报社的特约记者，还帮助《全民日报》编发社会新闻，并住进了该报宿舍。这时，地下党员李仲融在长沙筹组"湖南各界抗日救国会"（简称"抗救会"），成立了两个外围组织：一个是"一九三六剧社"，以演话剧为主，帮助学生排演新戏，主要成员有李仲融、杨荣国、章东岩、张曙、孙伟；另一个是"紫东艺社"，由音乐家张曙负责，活动项目包括绘画、木刻、音乐，帮助学生组织歌咏队，教唱救亡歌曲，传授绘画及木刻技术。特科批准刘乐扬参加这两个组织，开展抗日统战工作。

1936年冬，《全民日报》总编辑李君尧介绍刘乐扬加入当时反蒋的桂系。刘乐扬向特科汇报后，刘道衡即予批准。桂系在湖南有三个主要负责人：一是李君尧，负责联络文教界人士；一是凌孟飞，负责联络党政界人士；一是何超俊，负责联络何键部下的军官及地方武装。李君尧要刘乐扬拉一些文化人参加桂系，

刘乐扬和妻子

刘乐扬即把“抗救会”一摊子推荐给李君尧。李君尧当然欢迎，更加深了对刘乐扬的信任，并把副刊《天心阁》交给刘主编。刘乐扬在副刊上编发了追悼鲁迅特刊，声援了进步记者严怪愚。

1936年西安事变发生后，刘乐扬根据中共中央和平解决西安事变的方针，为《全民日报》写了一篇社论，题为《和平、奋斗、救中国》，主张对内和平团结，对外奋斗抗战，反对假借任何名义发动内战，断送国家前途，文中指责了国民党的不抵抗政策。这篇社论同时在12月16日的《全民日报》和《三楚报》发表，国民党大为震怒，立即责令《全民日报》停刊三天，并要报社把社论的作者交出来。《全民日报》为了逃避责任，就在12月18日刊出一则奇怪的启事，诡称：“本报编辑张明德未经负责人过目，擅自发刊有违本报立场的社论，殊属有妨信誉。除将该员辞退外，以后张明德再有借本报名义在外招摇，希随时通知本报，以便送官厅究办。”但特务们不相信报社有个张明德，他们知道社论是刘乐扬写的，定于12月20日黎明时到报社逮捕刘。这个情况被特科周寿彭知道了，立即通知刘乐扬离开长沙。刘乐扬遂买了张汽车票，在衡阳、安仁、茶陵一带住了几天，逃避了特务的第一次追捕。

12月下旬，西安事变和平解决后，长沙的政治氛围缓和了。省党部中统头子陈杏庄设宴招待湖南各界抗日救国会人员，说：“现在是一家人了，你们可以放心去干救国会的工作。”特科知道这一情况后，即通知刘乐扬回长沙工作。

1937年1月上旬，刘乐扬回到长沙后，住在李君尧家里，负责为“现代剧社”筹备公演抗日话剧《我们的故乡》。陈杏庄以参观预演为名，前来监视剧社活动，有一次竟同刘乐扬遇上了。他表面上还表示客气，并在公演前对李仲融说：“你们放心公演，我们保证演出安

全。”但据周寿彭在侦缉大队得到的情报，省党部要在演出闭幕时逮捕刘乐扬。刘乐扬得到特科的通知，立即从剧场后台溜走，到桂系绅士陈融家里隐藏了几天。特科派赵君实转告刘乐扬，不能再留在长沙了。刘乐扬即在桂系人员的掩护下，以桂系成员身份投奔广西，第二次逃脱了湖南特务的追捕。

战斗在鄂北桂军里

刘乐扬转移到桂林后，化名张兆麟，由李君尧介绍到桂系国民党省党部担任干事。一个月后，调任广西“学生军”一团宣传科长，兼第三大队教导员。1940年1月，他经十八集团军驻桂林办事处主任兼中央特科负责人李克农批准，打入到鄂北河口第五战区桂系大本营，先后担任政治部设计委员、调查科长、直属艺术宣传队队副、政治大队队副等职。艺宣队在湖北樊城成立了“童宣队”，招收了二十多名儿童，经过短期训练，在樊城、老河口、均县一带，演出抗日话剧《两兄弟》《小三子》《流浪儿》《放下你的鞭子》《活捉日本鬼子》等，成为鄂北抗日前线一支文艺宣传新兵。

第五战区司令长官李宗仁担任该队名誉队长，聘请作家姚雪垠、臧克家、碧野为临时教员。以队长王庆沆、指导员王克平为代表的进步人士，着力把童宣队培养成为爱国的、有文化有技能的新人；以赵先让、赵玉贞为代表的两届队长，则企图把童宣队成员培养成为“驯服工具”。就在进步势力受压、进步作家离去的时候，刘乐扬于1940年3月进入童宣队，夺回了领导权。

这年4月中旬的一天晚餐后，第五战区政治部两名宪兵来到刘乐扬办公室，交给他一张政治部主任韦永成的密令：“查王庆沆、王克平有共党嫌疑，着即交宪兵押解来部，以凭究办。此令艺宣队张队副。”刘乐扬为了争取营救两人的时间，对宪兵说：“现在是童宣队自由活动时间，队里的人都上街去了，我立即派人把他们找回来。你们就坐在这里，不要出门，以免暴露目标。”这就稳住了宪兵。

刘乐扬刚走出办公室，正好碰上进步队员程光锐，即小声交代程光锐：“赶快通知王庆沆、王克平马上离开老河口，上面派人来抓他们了。”程光锐找到澡堂，将二人拉出来，把刘乐扬说的话转告他们。等二人走远了，程光锐才跑到刘乐扬的办公室窗前，向他点了点头，表示人已离去。

直到天黑时，刘乐扬才吩咐吹哨子集合，站队点名。点到王庆沆、王克平两人的名字时，无人答应。他下令分队长到室内外搜查，仍然毫无结果。于是他“生气”地宣布：“王庆沆、王克平两个要犯，跑到天涯海角，也要缉拿归案。知情不报者，决不饶恕！”他对区队长段世昭交代：“现在我没有抓到两名要犯，无脸向韦主任交差，请段区队长代表我向韦主任请罪，我在队里听候法办。”两天后，韦永成把刘乐扬叫去，绷着脸说：“张副队，你没有遵命把两名要犯押解来部，不论有意无意，都要受到军法处置。不过，看你在抗日前就已加入了我们桂系的情分，这次姑且免予处罚，以后不可再犯。”后来刘乐扬得知王庆沆、王克平两人脱险后直奔豫西解放区，放下了心中的大石头。

1940年6月，艺宣队上演曹禺的《雷雨》，刘乐扬扮演剧中人周萍，演得风流倜傥，不温不火。他还在《打渔杀家》中扮演萧恩，也演得恰到好处。这年7月，老河口《阵中日报》开展土地问题的论战，论战的一方是省政府鄂北办事处主任施亮东，另一方是李宗仁的上校秘书、顽固分子黄雪村。刘乐扬化名“孟南”，在8月4日发表一文，题为《理想中的平均地权及其他》，尖锐地批判黄雪村不许别人讨论土地问题的霸道做法。他又写了一篇题为《泛论战区文化工作》，全面检讨第五战区文化工作的得失，提出了尖锐的批评和改进的意见。《阵中日报》编辑部不敢发表，总编辑请示李宗仁后，才予以刊载。他还在《阵中日报》上发表了《拔掉他们身上的刺》《那般家伙需要教育》《软服与抗辩》《饿死天才》《处世做人》等杂文，引起了顽固分子的重视。1940年11月，第二次“反共”高潮即将开始，国民党CC派头目徐会之接替韦永成担任政治部主任，指责刘乐扬有异党嫌疑。在查办未逞的情况下，将他调任《战地》月刊编辑。

刘乐扬

两个月后，黄雪村密令逮捕刘乐扬。刘乐扬遂于1941年8月同几个进步人士去了皖北。这是刘乐扬第三次逃脱国民党的追捕。

血洒青松岭的抗日英雄

文/辛宪友　杨　丽

抗日赤心日月可鉴——许亨植

许亨植（1909—1942年）东北抗日联军高级指挥员，又名李熙山。九一八事变后到宾县、汤原、珠河（今尚志）等地发动群众，组织抗日游击队，领导反日斗争。1938年秋，许亨植调任第三军新编三师师长，在松嫩平原开展抗日游击战，取得了兰西丰乐镇等战斗的胜利。1940年当部队遭受严重挫折后，仍克服重重困难，率小分队坚持战斗。同时大力发动群众，建立了许多抗日救国会组织，积蓄了新的抗日力量。1942年8月3日，许亨植在庆城（现黑龙江省庆安）青松岭与日军作战中英勇牺牲，时年三十三岁。

抗联战士雕像

在被日本侵略者铁蹄蹂躏的东北大地上，曾经有这样一位朝鲜族抗日英雄，他把自己的一腔热血无私地奉献给东北的抗日斗争事业，他的革命业绩受到后人的深切缅怀。他，就是东北抗联第三路军总参谋长许亨植。

许亨植，原名许克，又名李熙山，1909年生于朝鲜庆尚北道善山郡。他的曾祖父出生于李王朝贵族家庭，随着民族的危难和国势的衰落，家境逐渐没落，到了祖父那一辈就以种地为生了。1906年，朝鲜人民为了反抗日本帝国主义的侵略，掀起了轰轰烈烈的反日义兵运动。他的父亲许一昌痛恨日本侵略者，毅然参加义兵队。1911年，这场席卷朝鲜全国的斗争遭到了残酷镇压，义兵运动失败了，许一昌被迫举家流亡中国东北，后迁居辽宁开原。

许亨植开始了贫困饥饿、颠沛流离的生活。因为没钱上学，父亲就利用空闲时间教他认字。父亲经常给他讲述家世、国仇及一些动人的爱国故事。在父亲的教导下，他心里就具有了强烈的爱国思想。

1929年春，许亨植一家迁到哈尔滨附近的宾县枷板站。当时宾县是中国共产党北满特委的所在地，党的组织及其领导的革命活动不断发展壮大。许亨植思想进步，积极靠近组织，自觉接受党的领导，忠实履行职责，多次出色地完成了任务。1930年，许亨植加入中国共产党。从此他的一生与中国革命紧紧联系在一起。

入党以后，许亨植更加忘我工作。同年4月，北满特委利用五一国际劳动节的机会，在哈尔滨组织反日大游行计

划。为执行这一计划，他挺身而出，率领荒山嘴子的十几名共青团员会同阿城、海沟、平房等地下党员、团员一起去哈尔滨参加统一活动。游行队伍高举条幅、标语等，呼喊着口号向日本领事馆前进。这一爱国行动受到当地警察蛮横无理干涉和镇压。在这次大型反日活动中，许亨植等三十多名朝鲜族青年被捕。在狱中许亨植受尽了酷刑，但他坚强不屈。直到1931年九一八事变后，经党组织营救出狱。回到宾县后，他深入到乌河、汤原、珠河（今尚志）等地发动群众，组织抗日宣传，在当地组织成立农民反日会和自卫队，动员许多青年参加反日义勇军，领导进行反日斗争。

1934年6月，以珠河游击队为基础吸收一部分义勇军和反日山林队，正式编入东北反日游击队哈东支队，赵尚志为司令，李兆麟为政委，下设三个总队，五个大队。许亨植任东北反日游击队哈东支队政治指导员、第一大队大队长，率部参加创建珠河抗日游击区。

1935年1月，在纪念上海抗战三周年的日子里，东北反日游击队哈东支队在珠河县改编为东北人民革命军第三军，许亨植在东北人民革命军第三军任团长、团政治部主任、师政治部主任。曾在哈尔滨东部地区指挥攻破延寿县柳河子的日军据点及高力营子、拉拉屯、五道岗、十八层甸子等战斗，摧毁敌人设施，有力打击了敌人嚣张气焰，扩大了人民军的政治影响，推动了抗日统一战线的发展。许亨植在战斗中初显军事指挥才能。他率领部队参加了1936年冬季反“讨伐”作战，在孙灵阁山附近与敌人遭遇。在敌人有五百多人，又有重装备情况下，许亨植沉着应战，指挥部队与敌人展开了激烈战斗。打死打伤日军八十多人，缴获了大量武器装备，然后率部迅速安全转移至郑金店一带开展斗争。

1937年6月，许亨植调任东北抗日联军第九军政治部主任。率部在勃利、方正、依兰一带开展抗日游击战。为提高指战员的思想觉悟，增强部队战斗力，他开办了三期短期训练班，培训了一百多名骨干，对提高部队指挥员的军事素质和思想觉悟起了重要作用。

1938年秋，日本侵略者把抗联活动最活跃的三江省（今黑龙江东北部）作为“治安肃正”的重点地区，动员日军三个师和伪军五个旅，共计六万多人开始为期三年的三江省“大讨伐”。为适应急剧变化的形势，北满临时省委召开了第八次常委会议，作出了整编三军成立四个师的决定，同时许亨植调任第三军新编三师师长，对原三师和五师的部队进行整顿，大大提高部队战斗力。

1939年4月，中共北满省委召开第二次执委扩大会议，改组北满省委，成立了金策为书记的新省委。会议决定以北满的抗联三、六、九、十一军为基础，成立抗联第三路军，许亨植任东北抗联第三路军总参谋长、第三路军第十二支队政治委员，指挥所部在松嫩平原开展抗日游击战，先后进入兰西、肇州、丰乐镇等地进行战斗，缴获大量武器和物资，取得重大胜利。

1940年春，由于伪甲长告密，部队遭受突然袭击，损失严重。许亨植克服重重困难，率支队坚持战斗。同时大力发动群众，建立了许多抗日救国会组织，鼓舞北满广大人民群众，积蓄新的抗日力量。

1941年夏，日本关东军主力从四十万

人激增到七十万人，对抗日联军进行更加疯狂、残酷的“讨伐”，使东北抗日活动处于极端艰难的环境之中。为了保存实力，抗联第三路军的主力转移到苏联境内整训，只留下少数力量，分成两支小分队，与日军周旋。许亨植负责领导指挥部和第六、第十二支队留下来的人员，在白山黑水间同日伪军进行艰苦卓绝的斗争。

1942年7月下旬，许亨植带领警卫员陈云祥来到巴彦、木兰、东兴一带检查指导工作。他听取了张瑞麒的汇报，详细了解小分队在东兴、二道河子、三道河子工作情况，对小分队秘密建立抗日组织和发展抗日会员表示非常满意，对取得成绩给予充分肯定。8月2日下午，许亨植在警卫员和张瑞麒派出的战士王兆庆两人的护送下离开五顶山，准备经铁力返回指挥部驻地。为躲避日伪讨伐队的追剿，他们避开大路，在人迹罕至的深山野岭中穿行，一天只走十多公里。当天傍晚来到青峰山附近的少凌河上游。这里，群峰耸立，峡谷幽静，许亨植同两名战士忍着蚊虫叮咬、夜露侵袭，就地露营。

第二天清晨，警卫员陈云祥烧火做饭，由于地势低洼，炊烟迟迟不能散去。庆安县日伪讨伐队发现山谷的炊烟，带着三十多人偷偷包围上来。在寂静的山谷里，忽然传来异常的响动。许亨植立即打一个手势，三人迅速隐蔽起来，做好战斗准备。

敌人在不知道我军的情况下，不敢轻举妄动，在远处不断喊话劝降。许亨植三人分别以树木和山石为掩体进行射击，仇恨的子弹射向敌人。战斗相持两个多小时，击毙讨伐队多人，许亨植也受了伤。于是，敌人打消了活捉、劝降的念头，一批批地扑上来。许亨植向两名战士下了命令：“快，你俩分头突围，不要管我。”

两位战士不肯丢下首长，架起他要冲出重围。但没走几步，警卫员陈云祥的胸部中弹。许亨植把王兆庆推开说：“快走。”王兆庆忍痛告别许亨植，向其相反的方向冲去，消失在密林深处。这时一颗罪恶的子弹射入许亨植的头部，他咬紧牙关把枪中剩余的子弹全部射向敌人，才慢慢倒下去。王兆庆脱险后，立即向分队负责人张瑞麒汇报了许亨植与敌人遭遇的情况。第二天，张瑞麒带几名战士来到许亨植和陈云祥遇难地，准备掩埋战友的尸体，并寻找遗物，可是，在河套上只发现了两具残肢，遗物早已不知去向。

木兰抗日救国会派出人去庆安打探消息，证实了敌人残忍地把许亨植和陈云祥的头颅割下来挂在庆安县城内示众。许亨植壮烈殉国，时年三十三岁。

许亨植同志为国家的独立，民族的解放，忠心耿耿，奋战一生。他的不朽业绩和崇高精神，将永远是我们学习的榜样。

（本文由牡丹江市博物馆和烈士纪念馆管理处供稿）

作战中使用的手枪

追忆抗日烈士符绍儒

文/黄　文

符绍儒，又名符绍虞，海南省东方市四更镇土地村人。1905年2月，他出生在一个农民家庭。在他们家八个孩子中，符绍儒居末。土地村位于海南岛第二大江昌化江下游南岸，与之相邻的村庄有长山村和驸马村，这里地势开阔，山清水秀，到处都是郁郁葱葱的，从远处眺望这个村子，宛如一个绿色的蒙古包。

据史料表明，民国初年该村仅有两百多人，在当时，算是一个中等规模的村庄。孩提时代的符绍儒像当时昌化江岸其他农家孩子一样，小小年纪便学会了放牛、割草和拉牛车。少年时代艰苦的生活，不但练就了他强壮的体魄，而且磨炼了他无畏强暴、敢于抗争的坚强性格。符绍儒的父亲虽是一位地地道道的农民，但是思想并不落后，贫困和饥饿使他深刻意识到自己之所以被村中有权势的人屡屡欺负，是因为自己斗大的字不识一个，因而，他决定集中家里有限的财力，着力培养一个孩子读书，以求将来光耀门庭。在这种思想和信念的支持下，其父反复盘算，觉得符绍儒头脑聪明，是块读书的好料。加上有位邻村的算命先生经常逢人便说，符绍儒这个孩子将来必定是一位大富大贵之人。因而，父亲更加坚定了送符绍儒去读书的决心。

然而，由于土地村那时还没有私塾，所以读书必须到外村去，好在离本村不算远的上荣村的吉老先生开设了一间私塾，因此，其父迫不及待地把符绍儒送去接受启蒙教育。那时，吉老先生教授的虽是《百家姓》《三字经》《孝经》和《唐诗三百首》等，但也为符绍儒日后的学习打下了良好的文化基础。五四运动爆发的当年，符绍儒凭借扎实的文化功底考入了位于昌城的昌江县县立高等小学。昌城又称昌化城，亦称大河村，位于昌化江北岸，因以其地置县治，筑有城墙，故称昌化城。昌城是全县的政治、经济和文化中心，符绍儒在此读书，耳濡目染，在思想和观念上都接受了不少新生事物。

1926年，昌江县革命先驱、曾经就读于广东大学的刘开汉和广州教忠师范的符倬云，风尘仆仆地奉国民党广东省党部的命令返回故乡昌江县，在昌城建立了以共产党员为核心的国民党昌江县党部，刘开汉和符倬云任党部书记，史丹任宣传部部长，关昌荣任组织部部长，赵建中、文其华和李永典等人任干事。县党部成立后，党部委派史丹在昌城开设政治养成所，为了扩大影响和革命工作的需要，当时从昌江县各地招收了一百多名学员，其中，县立高等小学毕业生占了十分之八。这时，符绍儒进入了该所学习。由于学员中绝大多数人都是高小毕业生，接受能力强，加上素来声音洪亮的史丹部长深入浅出、旁征博引的讲解，学员们很快地接受了孙中山先生的“三大政策”。结业后，符绍儒奉县党部的命令，返回家乡土地村成立了农民协会。随后不久，土地村、驸马村和长山村都掀起了轰轰烈烈的以“打倒土豪劣绅、打倒贪官污吏、破除迷信、改革落后旧俗”等为主要内容的革命行动。由于这次运动声势浩大，许多劣绅分子都逃之夭夭，而广大农民和渔民都拍手称快。

1927年4月12日，蒋介石在上海发动反革命政变，大批共产党员和革命群众的鲜血染红了神州大地。同年4月22日，驻守在琼崖的小军阀黄镇球和叶肇大开杀戒，琼崖许多优秀的共产党员和革命群众倒在了敌人的枪口和屠刀下，据相关史料记载，当时全琼被捕的共有两千多人，惨遭杀害的有五百多人。昌江县国民党党部书记符倬云竟遭到了县长古荫萱的绑架，符绍儒听到这个不幸的消息，寝不安席，食不甘味，但他又无力回天。符倬云后来虽然获释，但是在当时的政治气候下，昌江县的大革命运动如同全琼各县一样遭到了扼杀。从此，轰轰烈烈的大革命运动转入低潮。面对这一险峻形势，刘开汉、符倬云和史丹怀着悲愤的心情相继离琼赴穗。其余农会骨干分子则转移到偏僻的农村潜伏起来，以职业为掩护等待革命高潮的到来。

这时的符绍儒秘密潜伏到黎族同胞聚居的抱板村和乐昧村一带。然而，符绍儒毕竟是昌江县当时最高学府的毕业生，他丰富的学识和能说会道的口才很快便被“奥雅”发现并赏识。不久，他便被聘为黎寨的教师。由于他教学认真负责，很得师生们和黎族同胞的拥护和爱戴。久而久之，符绍儒便成为广大黎族同胞的知心人，黎族同胞们只要有什么难题，都十分乐意请他出谋献策，他也千方百计地给予帮助。寒来暑往，不知不觉中，他在黎寨一待便是十个春秋。时至卢沟桥事变爆发后，他忍痛辞去教职，一步三回头地告别了黎族同胞们，返回了故乡土地村参加轰轰烈烈的抗日救亡运动。

在此期间，他利用自己生于斯、长于斯，熟悉故乡山山水水的有利条件，四处活动，广交朋友。不久，他便与赵光炬、赵建中、赵郑农、陶世民、吉中柱等革命者相识，由于志同道合，他们很快便打成一片。

1939年8月，穷凶极恶的日军一路枪杀来到昌化江下游一带沿海村庄。面对日军的暴行，在中共昌感县委的坚强领导下，昌感人民纷纷拿起近乎原始的武器进行英勇的斗争，有效地打击侵略

1939 年 2 月，日军侵占海南岛

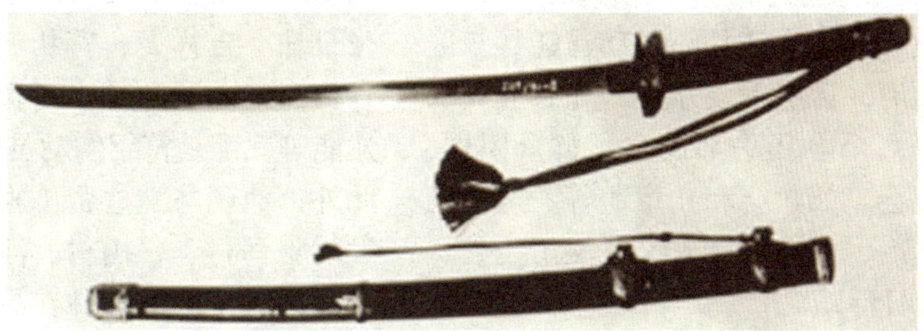

1945 年 9 月，侵华日军海军海南警备府司令伍贺启次郎中将在受降仪式上向韩练成呈交的指挥刀

1983 年马白山与在琼西南战斗过的老战友的合影。前排左起：赵郑农、史丹、马白山、陈岩。后排左起：文度、赵光炬、林诗耀、文谦受

者的嚣张气焰。1940年冬天，土地村与驸马村联合成立了党支部，称为驸马村党支部，吉定义任党支部书记。不久，很早就从事革命工作的符绍儒，在民族危亡的关键时刻，毫不犹豫地加入了中国共产党，从此，符绍儒成为一名无产阶级先锋队战士。这时，他的心里如同滚滚春潮，为党工作的劲头更足了。1941年12月，中共昌感县委在大新村召开全县各界人民代表会议，宣告成立昌江县抗日民主政府，同时撤销江南区抗日民主政府，县政府实行民主选举，赵光炬当选为县长，文烈当选为副县长。辖区里成立了昌江县一区和昌江县三区民主政府，区府下设立乡，先后成立八个乡，每个乡几乎都成立了群众团体，如青抗会、妇救会和儿童团等。这些机构成立后，领导辖区人民开展了轰轰烈烈的抗日活动。

当时，驻守在北黎的日军经常到四更一带的上荣、下荣、来南、居多、英显、土地、长山、旦场、大新、沙村等村庄“扫荡”，日军见人就杀，见物就抢，见屋就烧，造成村村哭声震天，无村不戴孝的悲惨情景。然而，自从昌江县抗日民主政府成立后，过去的被动局面大大改观。只要日军来，老人小孩躲藏到安全的地带，青壮年拿起武器与日军作殊死的斗争，令凶顽的日军不敢再胡作非为。在此期间，符绍儒紧紧依靠党组织开展抗日救国的工作。据符绍儒唯一的孩子符治周回忆，赵光炬县长在抗战时期，在土地村住了一年多，在此期间，符绍儒和土地村民主政府保长文典昌总是与赵县长形影不离地一起开展工作。因符绍儒的妻子吉石暖是一位热心肠的人，因而赵光炬县长大多数时间都吃住在他家。

1943年8月，昌江县一区的旦光乡和昌江县三区的四荣乡合并成立新荣乡，彭声扬任乡长。同年10月，中共昌江、感恩两县在那等村联合成立昌感联县抗日民主政府，赵光炬任县长，王廷俊任副县长，县政府下辖的原昌江县一区府和昌江县三区府联合成立昌江县一三联区府，该区府属下的新荣乡乡长彭声扬另有任用，由符绍儒接任新荣乡乡长。符绍儒上任伊始，就意气风发地到辖地的沙村、长山、驸马等村发动青壮年参加我琼崖独立总队。驸马村青年高日升、张日珠、吉祥龙、符相经、文义振、符青梅、王昌明和长山村青年吉呈典、汤建能等人都是符绍儒动员他们上前线的。此外，他还与文立贤（驸马村人）一起发动驸马村、长山村、沙村和土地村民众为县区乡政府和驻在昌感境内的琼崖独立队筹粮筹款，其工作责任心十分令人钦佩。因而，他多次得到赵光炬县长的表扬。

1944年2月，昌感崖联县抗日民主政府成立，同时撤销昌感抗日民主政府，赵光炬继续任县长，林庆墀和王廷俊任副县长，符绍儒仍任新荣乡乡长。同年6月，为了加快开展少数民族特别区（受昌感崖抗日民主政府领导）的抗日工作，赵光炬县长决定亲临少数民族特别区指导工作。赵县长考虑符绍儒曾在抱板、乐昧、大田等黎寨待过，深谙黎族同胞的生活习俗和风俗习惯，会讲一口流利的黎话，因此，赵县长决定让符绍儒陪同前往。

这样，他们便于6月的某一天从英显村出发，赶往少数民族特别区。翌日中午时分，赵、符二人来到昌化江北岸

的叉河村，叉河村民主政府保长马上向赵县长汇报工作。末了，保长向赵县长悄悄说，叉河村目前最大的险情是汉奸横行，民众人心不稳，原因是几个为虎作伥的汉奸就住在叉河村旁的山上。赵县长听后，觉得情况十分严重，马上指示保长召集叉河村的革命群众开会。会议中大家各抒己见，踊跃发言，场面十分热烈。最后，大家一致认为，只有把汉奸的嚣张气焰打下去，人民群众的生命财产才能得到保证。赵县长眼见火候已到，于是当机立断，亲自率领叉河村的革命群众追捕汉奸。当群情激愤的人们来到叉河村旁的山上时，竟碰到两位臭名昭著的汉奸面对面坐在一起猜拳行令喝酒。说时迟，那时快，众人一拥而上，合力制服了两位喝得醉醺醺的汉奸。为了从汉奸的嘴里了解到日军的动向，符绍儒马上按赵县长的吩咐，把两位汉奸捆绑起来押往少数民族特别区政府驻地罗旺村。

当暮色苍茫、晚霞映红半边天的时候，他们才把两位汉奸押到了罗旺村，并移交给民主政府的工作人员。不料，当夜山风一阵紧，把周围的树林都吹得沙沙作响，两个狡猾的汉奸便趁机逃脱了，直到我方工作人员发现的时候，两个汉奸已消失得无影无踪。两个汉奸逃脱后，急忙向他们的主子日军报信。次日拂晓时分，大批日军在这两个汉奸的带领下，荷枪实弹地向罗旺村进发。当时根据地的人们刚刚起床，面对突如其来的变故，与符绍儒住在同一间草寮里的赵县长，马上指挥大家突围。在这千钧一发、生死攸关的关键时刻，符绍儒带领一部分人突围，不幸的是在战斗中，符绍儒和吉承真竟被凶顽的日军抓住。

起初，日军尚不明白他的身份，把他关押在旧村据点。几天后，日军获知他就是共产党政府乡长，马上把他转移到日军设立于今东方境内黎族地区最大的军事据点——东方据点，并对他严刑拷打，妄图从他的嘴里了解到中共昌感崖县政府的秘密，好顺藤摸瓜，一网打尽。但是日军没有想到的是，他们想从符绍儒口里得到他们想得到的情报，那是痴心妄想。不久，日本人和汉奸绝望了，便残忍地把他杀害了。

符绍儒壮烈牺牲时，年仅三十九岁，真可谓是为了革命赴汤蹈火，不怕牺牲，浩气长存。

（本文选自东方视窗网）

出师大捷

——回忆平型关之战

文 / 杨得志

1937年卢沟桥事变发生后，日本侵略军兵分数路大举南下，进逼山西。全国各族人民，为了抗日救国、挽救民族危亡，掀起了抗日热潮。

这个时候，中国工农红军改编为国民革命军第八路军，开赴华北抗日前线。当时，我正在“抗大”夜以继日努力学习。为了抗日，我们提前结业了，我奉命到一一五师三四三旅六八五团任团长。

我离开“抗大”去一一五师师部见到聂荣臻同志。他看到我后，头一句话就是：“我们窑洞大学的毕业生回来啦，好，来得正好！你看！”他指着桌子上一厚叠用五颜六色纸张写成的东西，抑制不住内心的兴奋说，“全是战士们要求上前线的决心书，现在可以说是刀出鞘、弹上膛，盘马弯弓射大雕。部队情绪好得很！”“我们的具体任务呢？”我问。

聂副师长说：“要你到六八五团有两个原因，一是这个团是你原来工作过的师改编的，二是这个团是全师的先头部队。现在部队已经到了黄河西岸韩城、合阳之间的芝川镇。我们的任务是过黄河进入山西。如今山西以及整个华北吃紧得很！”

聂副师长简要地向我讲述了华北的形势。他说：“北平、天津失陷后，日军沿平绥、平汉、津浦三条铁路线大举进犯。已经侵占了南口、张家口、大同、涿县、保定、沧州等地，矛头直指归绥、

开赴平型关前线

包头、石家庄、太原、济南等地，进入山西的日军已由大同到了广灵。周恩来和彭德怀等同志曾和阎锡山面谈，鼓励他抗日。日军进了山西，阎锡山当然紧张。但是要打仗，要抗日，我们还是要有‘以我为主’的思想，既要拉着阎锡山，又不能完全依靠他。”

聂副师长的谈话虽然简要，但总的形势、敌我态势和我们的任务、基本方针已经交代的十分清楚了。特别是我们那个团已经到了黄河岸边的芝川镇，我必须尽快赶上部队。谁知走出师部就碰到了原红一团改编的独立团的几位老战友，他们听说我要去六八五团，都动员我到独立团去工作，说：“这是老红一团，你为什么不回来？”

我那时年轻不懂事，转身就去找聂副师长，对他说：“我还是去独立团当副团长，六八五团的团长让别人去干吧。”

“为什么？”聂副师长耐心地听完我的理由，然后严肃地说：“你去六八五团是命令，命令下达了就要执行。形势这样紧张，部队在等你，你马上去六八五团！”我只好火速出发，日夜兼程赶到芝川镇时，部队已经渡过了黄河，一直追赶到山西侯马才见到了陈正湘、肖远久和邓华等同志。

9月下旬，朱德、彭德怀、任弼时、左权、邓小平等同志率八路军总指挥部进驻五台山区的南茹村，直接指挥我们作战。这时，日军分兵向太原方向推进：一路由大同进攻雁门关，南下直取太原，一路由蔚县、广灵西扑平型关，目的也是夺取太原。这后一路来势极凶，已经攻到离平型关不远的灵丘。灵丘一失，必将兵围平型关。两关一旦失陷，太原必然难保。把守边关的蒋阎二十万军队惶惶不可终日，直退至“两关”一线。我党以民族利益为重，决定援助他们作战。朱总指挥和彭副总指挥号召八路军全体指战员以与华北共存亡的决心，兵分两路迎战日军，一路由贺龙、关向应同志率领一二〇师，驰援雁门关；另一路就是我们师，从侯马乘阎锡山派出的接兵车，沿同蒲路日夜向平型关急进，迎击进犯之敌。侯马在晋西南，平型关在晋东北。也就是说，从侯马到平型关几乎要穿越山西南北。大家坐着闷罐车长驱不停，但仍感速度太慢。当时秋雨连绵，狭窄的车厢里人很拥挤，闷热潮湿，空气污浊，再加上不停地颠簸，不少同志忍不住呕吐起来。大家为了驱散这旅途的困扰，便讲笑话，唱抗日歌曲，情绪相当活跃。

最使我们感动的是，车过洪洞、临

汾、霍县、介休等车站时，成千上万的群众，携带着慰问品，在风雨中迎送我们。

“热烈欢迎抗日的八路军将士上前线！”

“打倒日本帝国主义！”

“用鲜血保卫我们的每寸土地！”

“中华民族万岁！”

“抗战胜利万岁！”

此起彼伏的口号声，冲破风帐雨幕，震撼着祖国的大地！

指战员们受到了极大的鼓舞和深深的教育。民族的需要，人民的希望，自己的重任，一切的一切都摆在了眼前！那些在列车开动中一闪而过的人影，深深地留在了我们的记忆中。有的战士开玩笑说：“谁说洪洞县里无好人？胡扯，好人多得很！”

好人当然是多得很，但是我们在沿途也看到一些令人气愤的现象：大批溃逃的国民党官员，置人民群众生死于不顾，带着搜刮来的财物，你拥我挤，仓皇地爬上南去的列车。群众骂他们是民族败类。我们的战士气愤地说：“要不是‘联合’了，非毙了他们不可！”

我在介休车站接到通知，要我进城到师长林彪处接受任务（当时林彪住在太原阎锡山的一个招待所里）。午夜，车到太原站，我便带着两个警卫员往太原城内赶去。在城门外我见到许多穿着破衣烂衫的群众聚在风雨中，一打问，原来他们是从大同、广灵、蔚县、灵丘一带逃难出来的。然而城门紧闭，不许他们入内，只好忍饥挨冻，盼着天明，再想法子。我的警卫员向门卫说明了情况，我们才进了城。

由于不认识路，我们只好雇了人力车。这种一人坐一人拉的车，我是第一次也是最后一次坐。看着骨瘦如柴的人力车夫在风雨中工作，心里真不是滋味。他听说我是八路军，高兴地说：“先生，拉你们我欢喜，你们不来我们就要当亡国奴了！”

车到招待所门口，我们先后下了车。可是两个门卫硬是不让我们进，车夫急了，高声喊道：“他们是八路军，打鬼子的，你们咋不让进？”这时门卫不但不理会，反而举起枪托要打车夫。我和警卫员一边拦阻一边说明情况，特别是警卫员告诉他俩我是团长，他们才不发横了。警卫员拿出钱给人力车夫，那车夫怎么也不肯收。他说：“你们来山西帮我们打鬼子，我再要钱，还有良心吗？”最后还是我把钱硬塞到他手里，说：“这不是给你的车费。就算我请你吃一顿饭的钱吧。”他这才勉强收下，眼巴巴地望着我们进了招待所。

天刚亮，风雨都停了。事情办完后，我们又乘火车急速前进，谁知列车离开太原才三四十公里，日本飞机就来轰炸我们，敌机不住地扫射把列车车厢打穿了不少洞，有许多位同志负了重伤。我立即动员他们下车转后方医院休养，他们怎么也不听。有个战士甚至哭着对我喊道：“团长，还没见着鬼子的面，你让我有什么脸回后方？不走，我不走！死也要死在前线上。”然而时间紧，任务急，我只得命令他们留在后方。其实，我当时心里也很矛盾：这样的好战士，我舍不得离开他们，但又必须让他们先离开，把伤养好了才能上战场。

列车继续奔驰着。傍晚，进入原平车站时，由于前边的铁路被炸毁，无法通行。这里离平型关还有一百多公里，

为了抢时间，我们奉命改乘汽车前进。这时，全团上下只有一个信念，就是天塌地陷，也要及早赶到平型关。担负输送任务的是国民党军队的一个汽车团。这个团全是美式装备，连卡车也都一律带帆布篷子。条件虽不错，但考虑到前面道路险要，又是夜间行车，而且随时会有敌情，我不禁对这个汽车团能否安全、迅速地把我们送到目的地而感到担心。部队上车前，我和陈正湘、肖远久、邓华等同志分别向营、连干部交代，一定要做好司机的工作，防止发生意外。

我正要上车，一个司机走到我面前说：“首长，这一带全是山路，颠得厉害，您到驾驶室里坐吧。”

听他叫“首长”，我感到很奇怪，国民党士兵对上级从来是称职务或“长官”的，这个司机却非常自然地用了我军上下级之间的称呼，不知为什么。我说：“你的驾驶室里还有副手吗？那我坐后边就可以了。”

“不，不。”那司机急忙解释说，“副手已经到另一辆车上去了。您来坐吧，不会出事的。”这后一句话显然是怕我对他不放心。

我看这司机近四十岁的样子，长得粗壮结实，比较淳朴，没有老兵油子的味道。汽车开动后，我问他：“你是哪里人呀？”

“河南。”

我看他的车开得很稳，便说：“是个老把式了吧？”

他打着方向盘，叹了口气，说：“摆弄这个‘圆圈圈’已经十三年了。”

“到过不少地方吧？”我又问。

“怎么说呢？”他燃上一支烟，猛吸了两口，没头没尾地说，“你们到过的地方，我也到过一些。”他见我不解，解释到：“最后一次‘围剿’，我就开车到了江西。后来，你们长征，我又开车跟过你们，不久前才调到山西来的。我开车，没打过仗，可见过你们。我曾想跑到你们那里去，可又一想：共产党没有汽车，我又不会打仗，去送死呀？你想，我被抓来当兵，家里上有爹娘，下有老婆孩子，我死了他们咋活？现在，我虽然活着，但也不知道他们还喘不喘气哩！这回好了，共产党和国民党不打仗了，大家一块打日本鬼子，打完日本鬼子，我就可以回家了。我不是当着您说好听的，要真的正儿八经打鬼子，还得靠你们呀！要是我跟着你们，让鬼子打死了，那也不屈。中国人嘛，还能让个小东洋欺负着！”

黑夜里我看不见这司机的表情，但他朴素、真诚的语言使我感动。他当了多年国民党的兵，对国民党的本质认识不清这是难免的，但他仍有一颗爱国之心应该说这是可贵的。我由他想到了接触过的东北军、西北军的普通官兵，庆阳县的县、镇长们，特别是从侯马到太原一路上见到的人民群众。偌大的一个中国，拥有4.5亿同胞的伟大民族，只要真正团结起来，日本侵略军还够打的吗？当然，我也想到了党中央和毛主席确定的建立广泛的民族统一战线，共同抗日的政策和策略是何等的英明和正确啊！

天刚亮，我们到达了离平型关不远的大营。在从大营转赴平型关外东南边的冉寨、上寨地域的途中，我们遇到了从灵丘败退下来的国民党官兵，有些逃兵竟跑到我们的驻地来抢老百姓的东西。我问他们中的一个老兵：“你们为什么不

日军使用的八八式六轮越野卡车

平型关之战后，日本《每日新闻》报道此战时采用的图片

平型关战役最激烈的地点——乔沟

在前方打日本？”

那个老兵惊慌失措地回答道：“日本人太厉害了，太厉害了！我们哪能比上人家。”

“你们打上了吗？”我又问。

“没有。”那老兵摇晃着脑袋，“连日军的影儿还没见着，上头就命令我们撤了。”

真是可耻、可悲、可气！

侵华日军的精锐部队板垣师团占领灵丘没有几天，便向平型关扑来。平型关位于山西东北部古长城上，自古以来是晋、冀两省的重要隘口。关内关外，群山峥嵘，重峦叠嶂，沟谷深邃，阴森幽静。关前有一条公路，蜿蜒其间，一直通向灵丘、涞源，地势煞是险要。这是板垣师团二十一旅团侵占平型关的必经之路。从关前至东河南镇之间的公路北侧山高坡陡，极难攀登，路南侧山低坡缓，易于出击。上级决定，我们六八五团和六八六、六八七等三个团埋伏在南侧一线。为了赶到伏击地域，我们连夜从上寨出发。当时大雨如注，狂风不止，加上天黑路滑，行动十分困难。全团上下衣服被淋得透湿不说，几乎都成了泥人。深秋，山区的夜晚已是很冷，指战员一个个冻得直打哆嗦。

拂晓时分，我们终于到达了目的地——李庄，我把一营刘正营长、二营曾国华营长、三营梁兴初营长叫到一起，在大雨中指着前面的公路说：“这就是我们的攻击地段。坂垣的二十一旅团要进平型关必须通过这条路，这里居高临下，地形好得很！”我又指着东面说：“从这里往东是六八〇团，再往东是六八七团。”

我们团的三个营都是有着光荣历史的部队。一营是朱老总从南昌起义带出来的，二营是跟着毛主席参加秋收起义上井冈山的，三营是黄公略同志领导的老三军的底子。许多战士都是经过长征的老同志。三位营长都是红军干部，都做过团一级领导工作，可以说是身经百战的了。有这些部队和指战员，对打好这一仗，我是信心十足的。但考虑到这毕竟是我们第一次和日军作战，不熟悉敌人的作战能力，更何况对手又是气焰十分嚣张、“赫赫有名”的板垣师团二十一旅团，尽管我们都浸泡在雨水里，我还是耐心地提醒他们说：“一定要告诉所有的同志，从干部到战士，以至炊事员，这次战斗非同一般，政治意义巨大。

国民党军队的溃逃不仅助长了敌人的嚣张气焰，而且对热心抗战的人民群众是个很大的打击。如今人民的希望寄托在我们身上，他们在看着我们！党中央、毛主席，朱德、彭德怀等首长也在等着我们的胜利消息。所以，这一仗一定要发扬我们敢打敢拼、不怕牺牲的坚强意志，彻底消灭这帮侵略者，打出八路军的威风来，打出中国人民的志气来！”

三位营长刚走，陈正湘、肖远久和邓华等同志就冒雨来到了我的身边。他们刚分头到各连作了战前动员。我问他们下这么大的雨，部队情绪怎么样。邓华同志说：“一句话，劲头都集中到刺刀尖上，就等吹冲锋号了。”

战士们说：“日本兵嗷嗷叫，国民党兵往后跑，人民群众在吃苦，我们这口气死了也咽不下去！这样的奇耻大辱、深仇大恨怎么也得雪，怎么也得报。要不，就不是中国人，更不是共产党领导的八路军战士！”

天亮后，风停了，雨住了。除了平型关方向传来稀疏的炮声外，公路上仍不见日军的踪影。怎么搞的？情况有变化吗？一营营长从山头左侧跑过来，有点着急地问我：

“团长，日军怎么还不来？”

我说：“打伏击，就要沉得住气，有点耐性。怎么？你认为日军不会来吗？”一营营长摇摇头，说：“拿不准。”

“没有什么拿不准的。”我说，“你赶快回到自己指挥位置上去！”因为他那里集中了全团十多挺机枪，我特别嘱咐他说：“要注意你那些机枪！”

那时候我们都没有手表，不知道确切的时间，大约上午8点多钟吧，先是听见远处传来汽车的马达声，接着隐隐约约出现了汽车的影子。汽车越来越近，

八路军一一五师在平型关战役中的指挥所

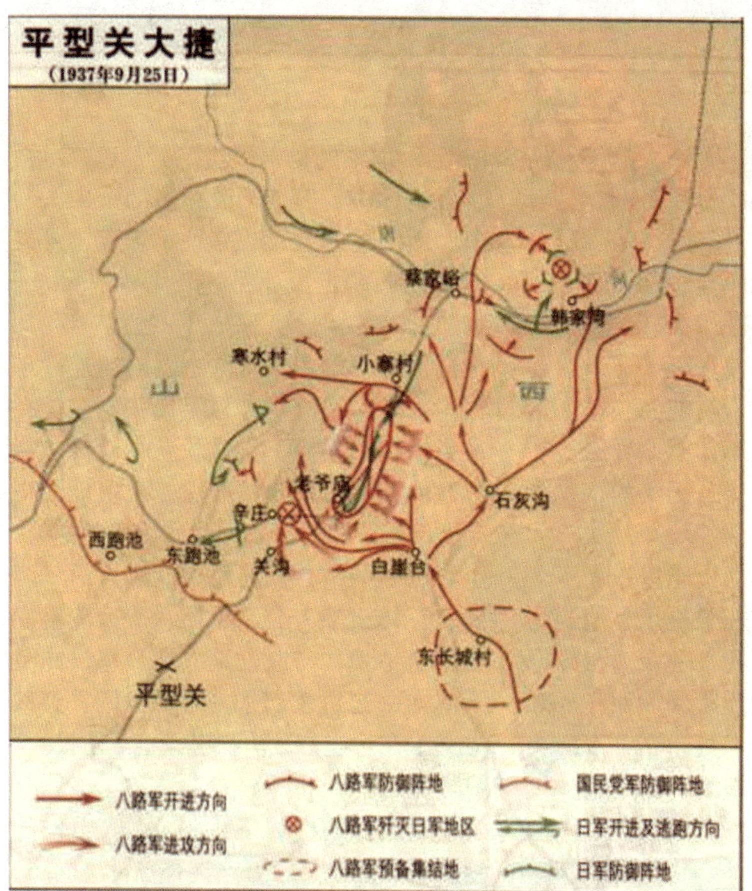

平型关大捷

平型关战役凯旋的八路军

这才发现后面还有马车等一大溜。只见头一辆汽车上插着一面“太阳旗”，坐着几十个日本兵，头戴闪光发亮的钢盔，身着黄呢大衣，把步枪抱在胸前。汽车一辆接一辆地开进了我们的伏击地域。这些家伙装备精良，侵华以来还未遇到过什么真正有力的抗击！他们在车上指手画脚，叽里呱啦的不知讲些什么。在我们的国土上，他们旁若无人的，真有些不可一世的味道。

战士们上好刺刀的枪膛里压满了子弹，机枪射手们已经在瞄准了，他们都不时地望着我，等着我下命令。我好像感到了大家的心在剧烈跳动。而我的双眼却只盯着公路的拐弯处。当日军的头几辆汽车开到我们阵地的山脚下时，按照师部的部署，我立刻命令：“全体冲锋，打！”

顿时，机枪、步枪、手榴弹一齐开火，指战员们暴风骤雨般地向敌人冲去。日军前边的汽车已被打坏，着了火，后边的汽车、大车、马匹等互相撞击，走不动时，日军们一边咳嗽一边尖叫着跳下车来四处散开。我想他们大概没有想到，会在大白天遇上这样突然勇猛的打击，“大皇军”的精锐旅团顿时惊慌失措。

应当说板垣二十一旅团还是一支很有战斗力的部队。他们很快便从混乱中清醒过来，其骄横、凶狠、毒辣、残忍的本性就发作了，指挥官举着军刀拼命地号叫着，钻在汽车底下的士兵爬出来拼命往山上爬。我立刻意识到敌人这是想占领制高点，好展开回击攻势。我立即派通信员向各营传达命令：“小心！附近的制高点一个都不能让日军占领了！”

这时，刘营长已指挥一营把公路上的敌人切成了几段。他接到我的命令后，马上指挥一、三连向公路边两个山头冲去。山沟里的日军也在往山上爬，可是不等他们爬上去，迅速扑上山头的一、三连紧接着又反冲下去，一顿猛砸猛打，把这群日军解决了。这个营的四连行动稍慢一步，被日军先占了山头。连长在冲锋中负了伤，一排排长就主动代替指挥，他用两面夹击的办法，很快把山头夺了回来，将日军逼回沟底后全部消灭。正当部队同敌人反复争夺制高点时，两架日军飞机顺着公路来回盘旋。战士们看到这情景，一股劲地靠近日军，同敌人混在一起拼杀起来。敌机大概看到双方交织在一起，无法扫射，也无法投弹，只好飞走了。

最激烈的白刃格斗在二、三营的阵地上展开了。二营五连连长曾贤生同志，外号叫“猛子”。战斗打响前，他就鼓舞部队说：“靠我们近战夜战的光荣传统，用手榴弹刺刀和日军干，让他们死也不能舒心。”发起冲锋后，他率先向敌人突击，二十分钟内，全连用手榴弹炸毁了二十多辆汽车。在白刃格斗中，他一个人刺死十多个日本兵。虽然他满身是血，但仍坚持在敌人中英勇战斗。这时一群日军在向他逼近，我们的英雄连长曾贤生拉响了仅有的一颗手榴弹，与敌人同归于尽。他的壮烈行为鼓舞着我们，更鼓舞着他身边的战友。这个连的指导员身负重伤，依然指挥部队；排长牺牲了，班长顶替；班长牺牲了，战士接下指挥棒。

就这样，前仆后继，打到最后，全连只剩三十多位同志，却仍然顽强地与敌人拼杀！三营的九连和十连伤亡最大，但他们依然勇敢地与敌人拼杀，以一当

十，没有子弹就用刺刀，刺刀断了就用枪托，枪托折了，就和敌人抱成一团扭打，哪怕只有几秒钟的空隙，他们也能飞速地拣起石块将日本兵的脑壳砸碎。战斗到最后，两个连队眼睛都打红了，尽管伤亡都超过了半数，战斗情绪却依然旺盛得很。这是血战，是意志的搏斗，也是毅力的考验。

日军士兵由于长期受军国主义的欺骗宣传和所谓军国主义思想的影响，成了一帮亡命之徒。他们负了伤仍然顽抗，战士们喊“缴枪不杀，优待俘虏”，不知他们是听不懂，还是根本听不进去，毫无反应。战斗进行到下午，以我们的最后胜利结束了。据后来的统计，此次战斗共歼敌一千多余人，日军在中国人民的铁拳下，遭到了毁灭性的打击，被砸烂了！

平型关一战，震动了野心勃勃的日本帝国主义，打出了中华民族的威风，打出了中华民族的志气，打出了全国人民对“驱逐日寇出中国”“打倒日本帝国主义”，取得抗日战争最后胜利的坚强信念和信心！

（本文由八路军太行山纪念馆供稿）

沂蒙军民反“扫荡”

文 / 梁必业

1941年冬，日军为消灭我山东党政军领导机关和主力部队，摧毁鲁中（亦称沂蒙山区）抗日根据地，调集五万多兵力，以多路多梯队分进合击的战术，对沂蒙山区进行毁灭性“扫荡”。我军民在山东分局和山东军政委员会的领导下，经过五十多天的艰苦作战，胜利地粉碎了敌人的“扫荡”，取得了歼敌两千三百多人的重大胜利。

审时度势　周密部署

1941年，日本帝国主义在德、意法西斯承认其建立所谓“大东亚新秩序”霸主地位的策动下，在德、意威逼英伦三岛及希特勒发动侵苏战争的刺激下，决心乘机发动太平洋战争，占领东南亚。为此，日军急谋在巩固其侵华既得利益的前提下，结束对中国的战争或稳定在中国的战局，把中国变成它南下夺取东南亚的后方补给基地，达到“以战养战”的目的。于是，日军一方面继续加紧对国民党的诱降、逼降，以迫其屈服；另一方面集中力量对共产党领导下的抗日根据地进行更加频繁、更加残酷的“扫荡”。

党中央审时度势，及时发出指示，号召全党、全军和根据地人民，在思想上、政治上、军事上，加速准备一切条件，对付最黑暗、最困难的局面。1941年9月，根据中共中央军委的指示，山东纵队（简称“山纵”）和一一五师两个军政委员会合并为山东军政委员会，罗荣桓为书记。山纵归一一五师首长指挥，从而加强了山东地区的军政领导和统一作战指挥，为在最困难的条件下坚持抗战奠定了基础。

以残酷毒辣著称的冈村宁次任敌华北方面军司令官后，加紧对我华北各抗日根据地进攻。日军在大规模“扫荡”我晋察冀之北岳、平西和晋冀豫之太行、太岳，以及山东清河、鲁南等抗日根据地之后，调集日伪军五万余人，于1941年11月2日向中共山东分局、山东军政委员会、八路军一一五师和山纵等党政军领导机关所在地——鲁中抗日根据地发动了空前规模的“扫荡”，企图以绝对优势兵力，以“铁壁合围”“辗转电击”“分割封锁”“抉剔”“清剿”等作战手段，一举歼灭我山东党政军领导机关和主力部队，彻底摧毁我沂蒙山区抗日根据地。指挥这次“扫荡”的是日军第十二军司令官土桥一次中将。

敌人非常重视这次“扫荡”，把它看成是在山东推行第三次“治安强化运动”的重大军事行动，对这次“扫荡”做了严密部署。除10月下旬将“扫荡”晋察冀根据地的第二十一、三十三师团调来

参战外，还调驻山西日军第一军一部接替泰安等地的守备任务，以增强“扫荡”兵力。具体部署是：以第十七师团主力、三十三师团一部，集结于临沂地区，向临沂以北及东北进击；以第一一五师团主力和独立混成第十旅团，集结于新泰、蒙阴地区，向蒙阴以东及以南进击；以第三十二师团一部集结于大平邑（今平邑县）、费县地区，向西蒙山进击；以第二十一师团主力和独立混成第五、六旅团各一部，分别集结于沂水地区，向沂水西南进击，从而，对我鲁中沂蒙山区构成合围态势。另以一部协同临沂之敌抢修营县、临沂间公路，防我军向东南转移；一部于沂水、东里店之线防我军向北转移；各县伪警备队分别参加各路日军的“扫荡”，并担负“清剿”、构筑守备临时据点、遮断壕沟，推行“治安强化运动”等任务。

根据对形势的分析和敌人对晋察冀边区等地发动“扫荡”的情况，中共中央北方局和八路军华北军分会于1941年9月11日发出指示，指出整个华北正处在敌围攻的严重形势当中，各根据地应当紧急动员起来，发动广泛的群众性游击战争，采取正确的作战指导方针，粉碎敌人的围攻，以坚持华北的抗战。山东分局和山东军政委员会认真研究了中共中央北方局和华北军分会的指示，并结合敌情，于10月7日向全区发出备战指示，要求党政军民各界紧急动员起来，实行空室清野，发动群众积极参战与支前，紧缩机关和后方，加强民兵的地方武装；同时，确定了反“扫荡”的作战方针：发展群众性的游击战争；以小部队配合地方武装坚持内线的游击战，主力部队适时跳出敌之合围圈，转到外线，寻机打击敌之一路，或乘虚袭击敌之后方，相机攻克一些据点；当敌“扫荡”某一地区时，其他各区应积极对当面之敌进行破袭，或挺进敌之侧后，打击和牵制敌人，断敌交通和补给。

13日，一一五师团又发出反“扫荡”指示，强调要加强对分散的群众性游击战的领导；要掌握跳出敌之合围圈的时机，情况未查明前，先以敌为轴心转动，不宜跳得过远；要加强情报工作，力争独立地了解、掌握敌情，这是对付敌人“扫荡”的重要一环；要切实保护群众，动员坚壁清野，注意掩护群众撤

1938年5月，郭洪涛率杨国夫、高锦纯、钱钧、何光宇、王彬、周赤萍、刘勇、鲍辉、陈宏、吴瑞林、段君毅、霍士廉、王子文、史秀云、潘维周、王文、苏杰、刘建中等约五十名干部从延安到达鲁中山东省委驻地。之后，这些干部奔赴山东各个战场，成为开辟山东各抗日根据地的主要力量

退，不使敌人残害人民和抓走壮丁；要做好后勤保障工作。

这时，山东分局、一一五师师部驻青驼寺一带；山纵机关驻马牧池；山纵第一旅（不含第三团）在沂（水）蒙（阴）公路以北抗击顽军的进攻，第二旅在滨海北部；一一五师教导第二旅（简称教二旅）在滨海南部；抗大一分校和蒙山支队分别在蒙山的西部和东部活动。

为了有力地进行反“扫荡”作战，11 月 2 日，山东军政委员会就敌人“扫荡”开始后，我各部队的具体任务做了研究，决定：山东分局和一一五师直属队适时转移至鲁南地区；山纵直属队转移至泰山地区；山纵第一旅转向敌合击圈的外围，待机作战；抗大一分校转向泰安、泗水、宁阳地区；鲁中军区、分区和县、区武装则在当地领导民兵武装坚持斗争。同时，要求教二旅在滨海风南部；山纵第二旅在滨海风北部，第一旅一部在鲁南及泰山区，第三旅在胶济铁路线上，第四旅在新泰以东地区，第五旅在烟台一带，对当面之敌积极展开攻势，破路炸桥，袭击据点，造成敌人后顾之忧，全力配合沂蒙山区反“扫荡”作战。

军民同心协力巧破敌人合围

11 月 2 日，敌人开始对我沂蒙山区进行“扫荡”。首先行动的蒙阴、沂水、营县之敌，以大纵深包围的战法，于 4 日拂晓突然偷袭我军驻马牧池的山纵指挥机关，山纵机关遂分散向东转移至南墙谷，经激战又转移至新泰西南的石莱一带，跳出敌人的合围圈。

5 日黄昏，敌人从临沂、费县、大平邑、蒙阴、沂水、莒县出动两万多的兵力，采取“铁壁合围”，即所谓的“全面包围滚推式”战法，在七架飞机、十辆坦克、二十门大炮配合下，分多路向临沂北的青驼寺、孙祖、留田地区进行合围，企图聚歼我山东分局和一一五师等领导机关。同时，敌人根据以往“扫荡”时我军多向滨海地区转移的规律，在沂河沿岸的河阳、葛沟一带预伏重兵，布成口袋，待我军向东南转移时予以歼灭。

1940 年秋，山东分局党政军部分领导人在鲁南合影。左起：刘居英、李竹如（新华社山东分社第一任社长）、陈光、朱瑞、艾楚南、陈明

师部和分局机关，是 11 月 4 日晚从青驼寺转移到留田牛家沟。5 日，机关和警卫部队隐蔽在山沟里，警卫部队化装成老百姓在山头警戒。派出去的各路侦察员像穿梭似的跑来向师首长报告敌情。我当时任一师政治部组织部部长。那天，我觉得天特别长，太阳迟迟不下山。

在牛家沟东头一座破旧的房子里，师首长一面听取接连不断的情况报告，一面仔细地查看着摆在条桌上的地图，沉着镇静地思考着，同时令机关和部队提前吃晚饭，做好走远路的准备。

下午 4 时左右，罗荣桓召集山东分局和师部的领导同志开会，认真研究了获得的全部情报，考虑到东面的沂河、沭河和台（儿庄）潍（县）公路都被敌人严密封锁，并布置了一个口袋阵，我们若东

移，正中敌计；北面敌人正疯狂地向南压来，且有顽军阻挡，我军北移，必受敌顽夹击；西有津浦路，敌人碉堡、据点林立，戒备森严，不易通过。只有西南面，敌人兵力正向我中心区合围，后方必定空虚，这就给我们留出了突围的空隙。罗荣桓集中大家的意见，下定决心：向西南方向突围。师特务营担负掩护任务。黄昏后，敌人在留田周围燃起堆堆大火，枪声、炮声、马嘶声不断传来。山东分局和一五一师师部机关人员及师特务营指战员经过紧张地简单准备后出发了。罗荣桓、陈光等领导同志率领侦察连和特务营的一个连走在队伍的最先头，亲自观察情况，选择突围道路。

部队逢山过山，遇水蹚水，从留田东南十多公里的铁山子附近东西不过五公里的间隙里秘密地通过了敌人第一道封锁线。这是敌人由东向西进的一条主干线，敌人刚通过不久，在村子里烧的开水还是滚热的，大家顺手舀满茶缸，边喝边赶路。

接着又在一个 2.5 公里的间隙中通过了敌人第二道封锁线。这是临沂到蒙阴的公路，也是此次敌人“扫荡”的主要交通线。当时敌人的大批汽车刚从南向北驶去，我们即乘机而过。三星垂西，部队折转向西，越过临蒙公路。正如罗荣桓同志判断一样，敌人后方空虚，戒备不严。6 日拂晓，我军没费一枪一弹，胜利地突破了敌人的重重包围，安全转移到留田西南处五十公里的蒙山南端的黄埠前，而合围之敌同时向空空的留田扑去。

这次突围成功，改变了我们的不利地位。随军采访的国际友人德国记者希伯同志，曾热情歌颂这次突围是“无声的战斗”，称赞突围的指挥神奇。各路敌军合击留田扑空，随即以一部兵力在我们根据地内建立临时据点，主力反复寻我军决战。8 日，敌人合击卢山地区，鲁中军部司令部被袭，遭受了一些损失。12 日，敌人转而对我们实行“清剿”。

内外线紧密配合反击敌人的“清剿”

敌人合击扑空，即将沂蒙山区划分为四个“清剿”区：以南墙峪为中心的

鲁南国民抗敌自卫团和八路军纵队在岸堤召开军民联欢大会

“北蒙山”区，以孙祖为中心的“西蒙山”区，以铜井、界湖为中心的“东蒙山”区，以诸满为中心的“南蒙山”区，其中又以“西蒙山”区与“北蒙山”区为重点。敌人每“清剿”一地，都挨户搜查我们的地方干部、失散人员和伤员，大肆捕捉壮丁，实行“三光”政策。敌人各据点周围，都有机动兵力，发现我军，立即合击。我们基本区内很多村庄被洗劫，或被烧成一片废墟。仅在马牧池一村，敌人就进行三次纵火，房舍化为灰烬。沂南一百三十户的南寨村被付之一炬，青壮年被抓走八十多人。

为了反击敌人“清剿”，并考虑到我军留在内线作战的部队过于薄弱，根据地会遭受更大损失，山东分局和一一五师首长断然决定师部暂不向外线转移，改向沂蒙山中心区挺进。同时决定：调山纵第二旅一个营、抗大一分校两个队、蒙山支队一个大队和分局警卫连也挺进沂蒙山中心区，协同地方武装和民兵反击敌人的“清剿”，坚持根据地的斗争。

11 月 14 日，敌人集中七千多人的兵力，对山东分局和一一五师所在地西蒙山区进行合击。17 日，师首长判断敌人主力在西面，决心出敌不意率部东越临（沂）蒙（阴）公路，进入沂蒙山区。当晚，我们的机关、部队由西向东进发时，正遇敌人的大队人马由北向南，沿临蒙公路运动。我部队、机关即退至路旁的山林中隐蔽，严令全体人员不许高声说话，防止马嘶叫。凡是易发出响声的东西，都要采取措施。大队人马虽然挤在一个小山窝里，但万籁俱寂，人们手握刀枪、棍棒，随时准备战斗。待敌通过，我们迅速由西向东疾进。天亮后，正遇满天大雾，我军如同腾云驾雾般地越过公路，突破了敌人的重围。

山东分局和一一五师师部重返沂蒙山区后，立即抽调大批干部分赴各地，加强反击敌人“清剿”斗争的领导。师部直接指挥特务营和山纵第二旅四团三营，在垛庄、旧寨、三角山、绿云山等地，用伏击、袭击、阻击等方式，连续给分散“清剿”的敌人以打击。活动于东西蒙山地区的蒙山支队和抗大一分校的部队也多次打击“清剿”的敌人，使敌人不敢轻易离开据点。由于内线部队力量的加强和积极打击敌人，有力地配合了地方武装和民兵的对敌斗争，鼓舞了群众的斗争情绪，逐渐改变了被动的形势。

11 月底，山纵机关进入坦埠一带，山纵第一旅也转回北沂蒙地区，其中一部插入南沂蒙地区，参加反“清剿”斗争。

在主力部队支持下，根据地的基层政权、地方武装和群众游击小组积极活动，展开了破袭敌据点、公路及“反伪化”、反捉丁、反抢掠等斗争。群众斗志不断高涨，有的实行三空（搬空、藏空、躲空）以对付敌人的“三光”政策。沂水县三名党员率领三十多人的游击小组，坚持在庐山、艾山、牧虎山，神出鬼没地打击小股“清剿”的敌人。费县南部的徐庄民兵一直在村周围坚持斗争，阻击出入抱犊崮山区的敌人，保证了我南北联络道路的畅通。沂南鲁山后、艾山后等五个村庄的群众冒着生命危险，分散掩护了我们一千三百多名伤病员。沂水西五拱桥村长因保存我军大批重要的军用物资，被敌人抓去。敌人将他三次投进铡刀，割伤脖子，逼他交出物资，他宁死不屈，一言未发。蒙山区鞋厂女

工，在敌“清剿”中，带着鞋料，长期居住在山洞，坚持军鞋生产。抗日群众的英勇事迹，极大地鼓舞了我主力部队的斗志。

这次反“扫荡”战斗中，一一五师特务营和分局特务连的指战员，在保卫机关和与敌作战中，起了重要作用，特别是特务营，是很值得称赞的。这个营只有三个连队，都是红军连队，特别是一连，从1930年起先后为红四军、红一军团的特务连，参加过反“围剿”和长征以及直罗镇、平型关等著名战斗，是个功绩卓著的连队。三连是抗日战争开始时组建的连队。全营三个连人员充实，武器较为齐整，训练有素，战斗力强，班排连都可以独立作战，曾在三角山战斗中，以一个班坚守阵地，抗击敌人，掩护机关顺利转移。在绿营山战斗中又以全营主力夜袭敌人骑兵部队，给敌人以打击。在这次反“扫荡”中，他们十天连续作战七次，都很好地完成了任务，为人民立下了新的战功。

内线部队在坚持艰苦斗争的同时，我山东地区各部队也都广泛展开打击当面的敌人；教二旅在滨海区南部多次进行了破袭战；山纵一旅在鲁南及泰山区多次袭击敌据点，截击向沂蒙山区调运的敌兵；二旅在滨海区北部攻克临（沂）营（县）公路上的小梁家、塔墩、批石头等七处据点；三旅在胶济线的张店、周村间多次伏击敌人；四旅在新泰以东的上门一带阻击配合敌人向我进犯的顽军；五旅一度袭入烟台，并攻克市郊的四个据点；鲁南铁道游击队在徐州以北炸毁敌机车一辆，缴获大量军用物资。这些斗争，都有力地配合了沂蒙山区的反“清剿”斗争。

11月29日，山东分局和一一五师师部先向东蒙山转移的部分人员遭敌合击，机关干部、战士在较少的警卫部队的掩护下，按战前组织的机关战斗班、排、连，英勇战斗，分散突出敌人包围，并在突围后迅速集中归回建制。战斗中，工作推动委员会秘书长陈明、山纵政治部宣传部部长刘子超、鲁中军区司令员刘海涛、一一五师敌工部副部长王立人等同志以及德国友人希伯同志光荣牺牲，机关中也有干部、战士牺牲和负伤，他们以自己的鲜血争取了反“扫荡”的胜利。

12月4日，敌人又向瓮城子、大沟、王林一带我军指挥机关合击，我军指挥机关迅速分头向北和西转移，摆脱了敌人。为了保证指挥机关的安全，山东分局和一一五师师首长决定向外线转移，内线斗争由山纵统一指挥。此后，敌人在我内外线密切配合的打击下，被迫据守临时据点，“清剿”计划宣告破产。

乘胜追击恢复和保卫根据地

12月8日，太平洋战争爆发。敌人除留六千多人在沂蒙山区巩固战线、防我军反击外，以部分兵力分别向天宝山区和滨海区进行“扫荡”，掩护其主力撤出沂蒙山区。退集费县之敌三千多人，分九路合击天宝山西南的常庄、自彦一带。我山东分局、一一五师师部及鲁南军区及时安全转移。担任掩护任务的第一旅三团，与敌人激战，在苏家固两个连又一个排顽强地与敌人搏斗，歼敌两百多人，最后，坚守阵地的三十多名战士，抱敌投崖，壮烈殉国。不久，敌即南撤。山东分局和一一五师等领导机关也由天宝山区转往滨海区。12月中

中共中央山东分局旧址

旬，临沂的敌人对滨海区进行“扫荡”，遭到我军教二旅和山纵二旅的内外夹击，遂纷纷撤走。12月12日，曹县残敌一千八百多人分路合击马鬃山，撤退时，将山内十多个村庄全部烧毁。莒县西南的渊子崖村群众不甘受敌迫害，奋起自卫，以土炮、土枪英勇抗击敌军，歼敌近一百人。12月23日，敌主力开始分路撤退。我军乘势收复蒋庄、诸满、大桥、马牧池、岸堤、河阳等村镇。至28日，我们基本恢复了沂蒙山区根据地，历时五十多天的反“扫荡”战役终告结束。

在这次反“扫荡”战役中，我军共歼敌二千三百多人，连同邻近各根据地的配合作战，共歼敌四千四百人，攻克据点一百六十多处。

这次战役，我军民付出了很大的代价：我军伤亡一千四百多人，群众被杀害和抓走1.4万余人，鲁中根据地面积缩小一半，但是我们胜利地粉碎了敌人妄图消灭我山东领导机关和主力军、彻底摧毁我鲁中根据地的计划，并取得了反对敌人毁灭性“扫荡”的重要经验。这一胜利，对于坚持和发展山东的抗日斗争有着重大的意义。

（本文作于1987年，由太行山纪念馆供稿）

“伯陵防线”魂夭琼崖

文/佚　名

1950年5月10日，海南岛战役前线指挥员合影，前排左二起：冯白驹、邓华、韩先楚、李作鹏

儋州白马井海滩上竖立着渡海先锋营登陆点纪念碑

我四十三军渡海第一梯队一二八师的两个团，在副军长龙书金、师长黄荣海、师政委相炜、师参谋长孙干卿率领下，战胜无风的困难，打垮敌舰的阻拦，分别于4月17日2时30分至8时，在海南岛的才芳岭、马枭港、花场港、玉包港、雷公岛一带强行抢滩登陆。

琼西北漫长的海岸线上，枪声激烈，炮火连天，硝烟弥空，杀声震耳，船自为战，人自为战，拔鹿砦，越战壕，破铁网，炸碉堡，攀悬崖，夺险隘，如疾风，似骤雨，前仆后继，奋勇争先，表现了有我无敌的无比英雄气概。

海在呻吟，岸在颤抖，血在横流。

师长率队勇夺制高点

黄荣海与孙干卿乘坐的机帆船，行驶到主流后，与敌舰交战。提起这只机帆船，还有一段“黄师长偷马达”的故事。

在海上大练兵后期，黄荣海为如何加快帆船的速度很伤脑筋。一天，他来到军部驻地西营，看到军后勤部有一些缴获的美国十轮道吉大卡车，便灵机一动，想到如果把汽车上的马达拆下来，安装在帆船上，一定会使船的速度加快。但是，如果向后勤部门提出这件事，他们肯定不会同意。

于是，他便在一个黑夜里带领几名司机，偷偷来到后勤部的汽车队，把八辆大道吉车上的马达拆下来，装在四只大帆船上。师指挥船就是其中之一。师指挥船开动马达后，速度加快了，追过了许多船只。17日2时30分，船行至才芳岭前。黄荣海也不晕船了，抓起一支卡宾枪，与孙干卿一起率领警卫连跳进齐腰深的海水，冒着岸上敌人发射的纷飞子弹，抢占了滩头阵地。迎面是才芳岭土夹石的悬崖。黄荣海与孙干卿立即命令警卫连，快速冲上悬崖。

他二人与突击部队一起，抓着野藤、树根和荆棘，踩着石缝，攀登悬崖，爬上屹立在海边的才芳岭。黄师长命令警

1950年4月，海南岛上敌人强固防御为我军所摧毁，胜利的军旗飘扬在敌“伯陵防线”上

卫战士们，快速打下敌人的地堡。一排子弹和手榴弹打过去，战士们奋勇冲到地堡跟前，占领了地堡，歼灭了敌人，夺取了制高点，掩护后续船队登陆。

原来这个制高点的工事是敌人的一个营指挥所。我军从敌人的工事里，缴获了一份敌海南防卫总司令部下达的指示：“今晚北面共军电台活动频繁，各据点务必注意，不可轻心。”

黄荣海轻蔑地一笑，对我们这位身经百战的主力师师长来说，“轻心”与“不轻心”，都是无所谓的。他站在才芳岭上命令部队朝天发射三颗红色信号弹，告诉后续船队，先头船已经在这里登陆。

看着信号弹在空中发出的熠熠亮光，黄荣海长长吐出一口气，踏上了海南岛的陆地，心里无比踏实。他便带领警卫部队，迅速向纵深挺进，准备反击敌人。

团长带头打冲锋

一二八师政委相炜和三八二团团长张实杰乘坐的机帆船，接近海南岛时加快了速度。岸上敌人发现海上有船，便开枪射击。

船工张老汉告诉张实杰，前面可能是玉包港。张实杰站在船头，手拿望远镜，观察夜雾茫茫的前方海岸上起伏的山峦黑影，仔细地寻找敌人火力点的位置，记下登陆时要攻击的目标。并与另外两艘机帆船上的团参谋长王子玉、政治处主任王泮文商量，部队一定得在天亮前登陆。

离海岸越来越近，岸上的黑影子越来越高，像一堵影壁墙一样。看得比较清楚了，岸上是高高的悬崖，敌人的火力是从悬崖上射出的。看来，悬崖上的确有一个炮兵阵地。张实杰判断，炮兵阵地上的步兵一定不会多。于是，三只机帆船各牵引一只帆船前进。张实杰牵引的是一连指导员李景森的船，从左边往上冲；王子玉和王泮文的机帆船从右边往上冲，奔向海岸，决心夺下炮兵阵地，打下个立足点，接应后续船只登陆。

张实杰的船上，乘有警卫排、电台人员等。在岸上敌人雨点般炮火袭击下，师作战科科长李革仆、警卫员任忠舜中弹牺牲，卫生队队长李春阳负伤。

船离岸还有二百多余米时，被礁石挡住。机帆船上有一只小舢板，张实杰抓起一支卡宾枪，忘了拿望远镜，抢先跳上舢板，团作战股股长刘梅村掌舵，警卫们摇橹，在火力的掩护下，朝海岸冲了过去。

快到海岸时，船身一震，小船被海底的石头夹住，不能动了，张实杰便带领警卫们跳到海水里，深一脚浅一脚，奋勇冲上海岸。

迎面的悬崖黑乎乎的，有十层楼房高。敌人在崖上朝海上打枪打炮，崖下是死角，反倒比较安全。张实杰率领登陆的几个人，踏着稀泥一步一滑，冲到崖根下，抓着荆棘、刺草和藤蔓往上爬，虽然衣服被划破了，手脚和大腿被扎出了血，但是大家都不在意，仍然往上爬。即使从崖上滑下去了，也要重新爬，终于爬到了崖顶。通信员王墨林双手扒着崖边，一探身子，想要翻身跃上崖顶，忽然“砰砰”两枪，他的胸部中弹，掉到崖下，光荣牺牲了。在这紧急关头，张实杰指挥通信排长李长俊和通信员刘白党、警卫员姚豆包，投过去一排手榴弹，迅速跃上崖顶，冲过鹿砦、铁丝网，拿下暗堡，俘虏了四个敌人。

张实杰命令警卫员小刘，朝天发射三颗红色信号弹，向海上的船只发出先头船已经在这里登陆的信号。

这时一营教导员王文德率领三连一班和通信员，还有三名手握钢枪的船工，爬上悬崖，向前边一百多米远的另一座碉堡冲去，从右侧迂回到碉堡侧面。敌人很顽固，我军冲到碉堡前面他们还在抵抗，直到把手榴弹从碉堡的枪眼塞进去，他们才投降。

碉堡被占领了，可是刘白党却英勇牺牲了，姚豆包也负了伤。

敌人的炮火还在向海上射击。“不能停留，跑步前进，夺取炮兵阵地！”张实杰发出命令。

战船上的炮火从海上向崖上敌炮兵阵地射击！炮手王玉英打了四十多炮，压制住敌人的炮火。登陆部队迅速攻占了炮兵阵地。

王玉英完成掩护步兵的任务后，又随部队登陆，冲进敌人阵地，投了几颗手榴弹，迂回到敌人后边，缴获了两挺轻机枪，俘虏了六个敌人。

师政委相炜手提卡宾枪冲上来了，向大家祝贺胜利，一边拍着张实杰的肩头，一边说：“老张，打得硬，该给你们请功了！”相政委又说，“坚守住滩头阵地，加速扩大战果，决不能让敌人有喘息的机会！”此时天已大亮了，张实杰带领三八二团登陆部队，冒着敌机的疯狂轰炸扫射，向前挺进。

副军长命令撤离老鹰嘴

拂晓，东方露出鱼肚白，副军长龙书金的机帆船与三八二团的船队一起，在玉包港的雷公岛附近触滩登陆。机帆船的冲力很大，直插沙滩，龙书金跳到海滩上，连鞋底也没湿。先头登陆的部队已夺取了滩头阵地，打掉了敌炮兵阵地，密集的枪炮声在纵深爆响。

龙书金朝四处看了看，前边是一个悬崖，右前方海岸有一块向前伸出的突出部分，面积不到一百平方米，老百姓叫它老鹰嘴，上边站着有一个连的登陆战士。老鹰嘴的后边与海南岛连接处有一道沟，如果涨潮，海水就会把老鹰嘴与海南岛隔断。龙书金马上挥动右胳膊，大声命令老鹰嘴上的战士们赶快下来，离开老鹰嘴。

这时敌人两架野马式飞机飞来，十分猖狂，这架飞过去，那架飞过来，迅速穿梭，俯冲时飞得很低，几乎贴近海面，发出刺耳的尖叫，投弹，扫射，嗒嗒嗒——轰轰轰——响声不停。海上的三艘兵舰也向岸上打炮，敌人想用陆海空军围歼我刚上岸的部队。龙书金命令部队集中火力猛打敌机，机关枪、步枪、冲锋枪一齐朝空中开火，就连手枪也用来打飞机。霎时间，枪声震耳，一张聚集的火网向空中张开。有一架敌机被打中，起火，拖着长长一股浓烟，歪着翅膀一头扎进大海，溅起一片白亮亮的水花。战士们雀跃欢呼：“叫它喂王八去吧！”

另外那架飞机也被击中，转头向海口方向逃去。

登陆的我军炮兵向海里开炮，赶跑了敌人的兵舰。

龙书金命令电台向大陆军部发报，报告我军在海南岛胜利登陆的消息。电台跟上来了，却找不到译电员了，不知道译电员在登陆混乱之际跟哪个部队走了。龙书金非常生气，便命令电台利用海边的电线杆子架起天线，摇动马达，用联络信号直接发出报告。

龙书金在雷公岛一带集结了上千人，迅速向左前方一二八师师部靠拢。

为避免晕船，战士们每天坚持打秋千

木船上架炮

参加渡海作战的某部战士，把机枪架在竹排上，练习水上射击

抢滩登陆

攻坚老虎有了用武之地

天刚拂晓，三八二团三营七连、九连和一营，在玉包港登陆了。玉包港是个斜凹进去的天然港湾。

三营教导员刘梅村一跳下船，便倚着一块礁石，举起望远镜，观察周围地形。他发现对面海滩上，有一个高八九米的小高地，周围修筑了很多地堡，敌人藏在地堡里，向我登陆部队猛烈射击。地堡后面是敌人的炮兵阵地，频频向我后续部队的船只开炮，炮弹在海面爆炸。

“必须迅速拿下小高地，保证后续部队安全登陆！”刘梅村带着七、九连，猫着腰，沿着海岸线迂回到敌人火力较弱的小高地东侧。刘梅村看清楚了，在这边，敌人有十几个地堡。

刘梅村是全军著名的战斗英雄，他所率领的营，是一二八师攻坚能力最强的营，七连的作风勇猛顽强，被命名为“全胜连”，九连的作风朝气蓬勃，曾在攻打吉林外围团山子时，不怕伤亡，勇夺敌阵地，被命名为“团山子”连。他们打四平、打锦州、打天津，靠娴熟的分割穿插本领和连续爆破的绝技，炸得敌人钢骨水泥的工事成为废墟，炸得敌人尸积如山。而今，这几个土木结构的地堡算得了什么？

看见敌人的工事，刘梅村可高兴了：攻坚老虎有了用武之地，炸药包该显威力了！刘梅村把主攻小高地的任务交给了九连。

九连的战士们经过了一夜的海上颠簸，虽然有些疲倦，但是战斗意志仍然十分旺盛，听说要他们主攻小高地，大家都争先恐后，抢着要求去拿下敌人的地堡。

九连连长刘仁绪组织好掩护火力，派出爆破组，利用地形地物和敌人工事的死角，冲了上去，轰轰……连续几声爆炸，先把敌人工事外围的铁丝网、鹿砦炸开缺口，接着又炸毁了敌人四座地堡。敌人死的死，伤的伤，哭爹喊娘。

其余几座地堡里的敌人见解放军的炸药如此厉害，心想：如果继续抵抗绝没有好下场，便纷纷缴械投降。

刘梅村把驳壳枪一挥，跃身而起，领着战士们向纵深的敌军发起冲锋。一营也从小高地的西侧攻了上来，两支部队会合在一起，向小高地正面敌人阵地和炮兵阵地冲击。小高地很快拿下来了，不到一个小时，就结束了战斗。

这时，我后续部队已全部登陆，玉包港完全被我军控制，敌人的一个营全部被歼。

（本文选自新浪网）

寻访“革命母亲”常大娘

文 / 李玉胜

常大娘故居

鲁北平原上的乐陵，自古以来就是冀鲁枢纽，齐燕要塞。抗日战争全面爆发后，这里成为冀鲁边区平原抗日根据地的心脏，抗战的最前线，广阔的大后方。无数英雄儿女在这里抛头颅洒热血，谱写了民族革命的壮丽篇章。

自己剪掉冻烂的脚趾

常大娘，本姓刘，名相会（一说“香惠”），1891年生于乐陵市三间堂乡刘玉亭村，因家境贫寒，九岁到大常村做了童养媳。据她的丈夫常培仁的本家、今年六十六岁的常智春介绍，常培仁祖上曾广置田产，富甲一方，可是到了常培仁的爷爷这一辈，就只剩下了三间半瓦房，全家靠种菜卖菜度日。常培仁是家里的独子，是个聋哑人，这使得刘相会从小就肩负起家庭的重担，卖菜时讲价算账都是她。刘相会四方脸，裹小脚，穿大襟袄，常年劳作，体格健壮。虽然不识字，却十分明事理、有主见。

小时候常大娘家里穷，穿不上棉鞋，右脚的大拇指冻烂了，流脓血，因没钱治，只能眼看着伤口逐渐恶化。后来她一咬牙一狠心，自己拿起剪刀，闭着眼“咔嚓”一下，然后连剪刀带半截脚趾一块儿扔到门外……

常大娘就是这样一个坚强的女人，天不怕地不怕。

老槐树底下的家

1938年，日本军队占领了乐陵一带，到处建据点修炮楼。为了开辟通道，扫清视线，在大徐家到乐陵城沿途三十

曾经在乐陵抗击日军的肖华将军

多里地大伐枣林，昔日茂密的几万亩枣林几天便成为几十万个树桩。家园被毁，乐陵儿女奋起抵抗。

这年秋天，“娃娃司令”肖华率八路军东进抗日挺进纵队插入冀鲁边区，开辟了以乐陵为中心的抗日根据地。那年，刘相会四十七岁，已是六个孩子的母亲，人们都叫她“常大娘”。

当时的冀鲁边区，局势十分复杂。肖华率部进入乐陵后，广泛发动群众，常大娘有好几个儿女参加了青救会等抗日爱国组织，她的二儿子常树芬化名丁文魁、小女儿化名丁秀文展开了地下斗争。常树芬带领民兵配合八路军挖壕沟，炸毁日军的公路、铁路。日军白天填，他们夜里挖，三年没睡过一回热炕。

1938年，常树芬刚满二十岁，当时很多八路军战士才十七八岁，司令员肖华也不过二十二岁，他们在常大娘眼中都一样是孩子。八路军的队伍一到村里，常大娘就主动为他们烧水做饭，跑前跑后。

那时日军一个月“扫荡”二十九回，还碰上个小尽（指小月）。部队打散了，同志们首先想到的是到“老槐树底下”集合，老槐树底下就是常大娘家。常大娘总说：“同志们来了，总不能叫他们饿着肚子走，怎么也得弄一顿饭给他们，我才安心。”最多时她家一天做了十七顿饭。饭桌上，重要首长总是被她悄悄安排在从门窗向屋内射击的死角。

大娘，您就是我的亲娘！

一天拂晓，腿部受伤的靖远县独立营副营长张子斌刚被送到常大娘家，在东墙外放哨的丁秀文就发出了敌人进村的信号。常大娘不由分说，便把张副营长摁到炕上，顺手拉过一条被子，连头带脸把他蒙了个严实。伪军闯进来后，她谎称是自己的孩子发高烧，骗过了追查。在常大娘的精心照顾下，十多天后张副营长伤愈归队。

张副营长走后，靖远县八区的组织干事袁宝贵又被送到了常大娘家。袁干事身上长满了疥疮，手烂得拿不住筷子，腿烂得不能走路。常大娘每天给他喂水喂饭、端屎端尿。夜里，袁干事浑身疼痒难忍，大娘便烧好水，慢慢地给他擦洗。听说用硫磺熏能治疥疮，大娘就找来硫磺，放在盆内燃着，让袁干事蹲在上面熏。

半个多月后，袁干事疮愈康复。临别前，他含着热泪说：“大娘，您就是我的亲娘！”

渐渐的，凡是来常大娘家养伤、开会、住宿的八路军干部、战士，都亲切地叫她一声“娘”。相传肖华司令也曾在她家养伤。

常大娘曾经掩护照顾过多少同志、

伤员，没有人能说清。解放战争开始后，解放区的干部一批批南下，在家里住过的同志大部分随部队跨过长江去了。但常大娘一直念叨着他们，她坐在家中的土炕上，一口气能说出六十多位同志的名字。

这些年没在俺家搜出一个同志

在乐陵市档案馆，珍藏着一张手绘地图，那是常大娘一家所挖地道的示意图，这些地道是1942年秋天奉上级指示挖成的。除了挖开会用的大洞时有队伍上的人帮忙，其余的只能靠常大娘一家。当时，树芬和秀文在地下挖，常大爷在上边倒土，小儿子树春在村里一边跑着玩，一边放哨。常大爷耳朵聋，常大娘就在他腰上拴条绳子，洞下装满土，拉一下绳子，他就把土车拽上来。为了不引起村里人的怀疑，他们把挖出来的土一部分填了沟，一部分运到村头湾边，再用稀泥封起来，泥成粪堆的样子。

地委书记李广文同志办公用的洞，在西屋的地下，洞口设在喂牲口的石槽下面。洞里放着饭桌和小凳子，洞的西边直通到西墙外的沟边，但没有打通，仅留有半尺厚的土层作为预备出口。如有不测，用脚踢开土层，即可沿沟跑出村外。其他几个洞大致相仿，都备有紧急出口。并且地委、县委、区委领导的地下办公室互不相通，据说这也是迫于当时严酷的形势。

从此，大娘家便成了冀鲁边区三地委和靖远县的机关驻地，常大娘全家也就成了“机关工作人员”。

常大爷虽是个聋哑人，心思却十分缜密。同志来了，大娘用手比画一个“八”字，他就格外热情；叛徒来了，大娘使个眼色，悄悄比画一个打人的动作，他便处处小心。据说，地、县、区三级党政军民的文件都交他保管。他虽不识一个字，但收存的文件存放有序，随要随取，从未出一点差错，令人惊奇而佩服。

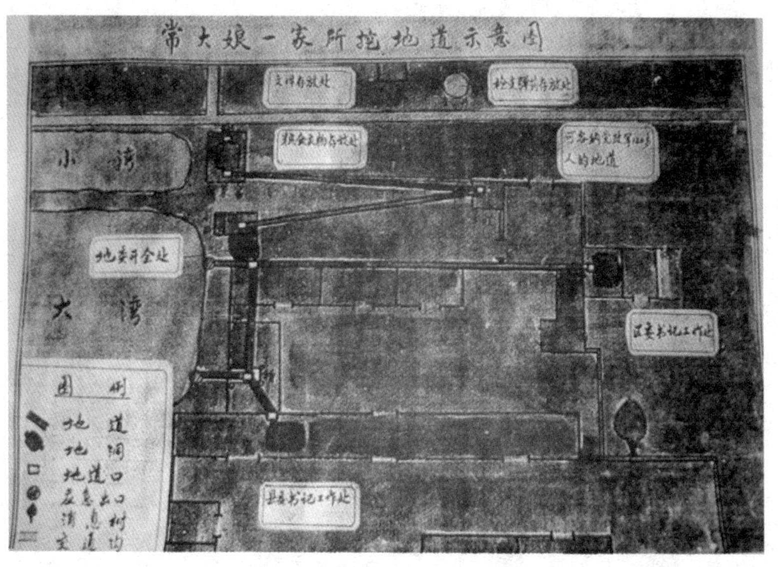

常大娘一家所挖地道示意图

当地有个臭名昭彰的汉奸，外号“贾钱儿”，隐约知道常大娘和八路有往来，也有叛徒报信说看见八路进了常家，却搜不到人。常大爷是个聋哑人，问不出什么，他们就拿常大娘出气，用枪托打她，把她的头往墙上撞。每次，常大娘都咬紧牙关，从不透露半个字。

“这些年没在俺家搜出一个同志”，这是常大娘最为自豪的一件事。

“大爱为国革命母亲”

抗日战争胜利后，中共渤海区第一地委奖给常大娘一面锦旗，上书：“向在抗战中立下不朽功勋的革命妈妈常大娘致敬”，挂在一根八九米高的杆子上，竖在大娘的院子里迎风招展。

常大娘晚年最重要的事情，是1970年10月，她七十九岁时加入了中国共产党。当时常大娘激动地拍着手，兴奋地说道：“俺也是共产党员了！”

1974年11月27日，常大娘与世长辞，终年八十三岁。一年后，在“文革”中被长期关押后恢复工作的肖华重返乐陵，原计划去大常村看望乡亲并给常大娘扫墓，却因时任全国人大常委会副委员长的康生突然病故即刻回京，匆忙中只在笔记本上留给常家一首诗。查阅历史，这一天是1975年12月16日，和肖华落款的日期相吻合。

如今，常大娘长眠在村南浓密翠绿的枣林里。常大娘有十六个孙辈，其中十个党员，六个当过兵。

（本文选自《大众日报》）

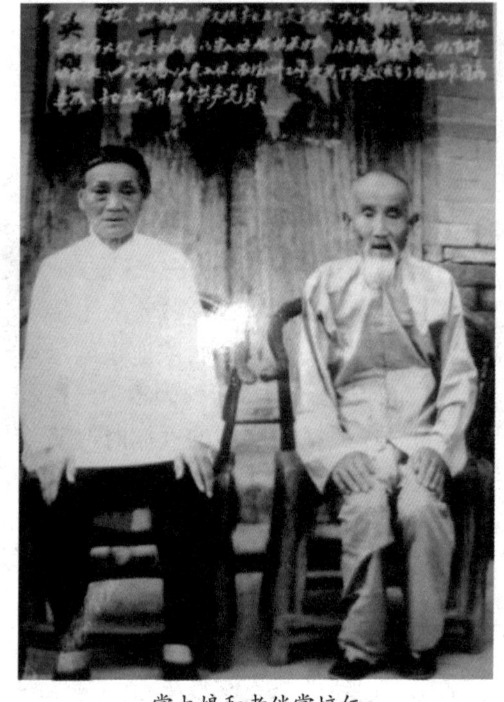

常大娘和老伴常培仁